改訂版 中小会社で活用できる

「補助金」のことがわかる本

吉野智成・小島健太郎 著

セルバ出版

はじめに

「毎年、補助金をもらってる社長さんがいる」ってご存じですか？

ある社長さんは、毎年補助金をもらって、システム・広告・ホームページなどを調達し続けています。ここ1、2年だけじゃありません。創業してから10年以上ずっとです。

補助金は、融資と違い、「返さなくていい」ある意味夢のようなお金。

なので、補助金がもらえれば、当然、資金繰りが楽になります。だからこそ、「補助金をもらっているか否か」で経営状態はまるっきり変わってきます。

もし、まだ「補助金を使ったことがない」ということであれば、「社長！　間違いなく損してますよっ！」とお伝えしたいです。

そんな返済不要な補助金ですが、情報をいかに早くゲットするかということが重要です。つまり、「知っているか知らないか」という紙一重のような状況で勝負がついてしまうということです。

「じゃあ、情報収集をがんばればいいのか」というと、話はそう簡単じゃないんです。

なぜなら、国の発表の仕方に問題があるから。

補助金の募集はいきなり「募集します！」と始まり、2週間も見ないうちに終わってしまいます。

しかも、募集要項は「ＴＨＥお役所の文章」といった感じで社長さんの頭から湯気が出てしまうくらい難解で暗号みたいな文言が並んでいます。

だから、社長であるあなたが補助金を利用しきれてないのも無理がないんです（社長さん！　あなただけが理解できないのではなく、みんな理解できないくらい難しいんです！）。

さらに、補助金は３０００種類以上あるといわれています。国・県・市だけでなく、財団法人はたまた民間大企業まで色んな団体が募集をしています。そんな情報をすべてチェックし続けるのは現実的じゃありません。

めでたく補助金情報にたどり着けたとしても、今度は競争に勝たなければなりません。補助金は「事業計画コンテスト」のようなもので、大体合格率が10％～50％。ライバルに勝つ事業計画を書けないことには、補助金がもらえないのです。

ですが、安心してください！　補助金に通る事業計画には、ある程度パターンがあります。何点かのポイントを押さえるだけでも、グッと合格に近づく申請書がつくれるようになります。

本書では、「毎年、募集があって使いやすい補助金ってどれ？」「自社にあった補助金ってどうやって見つけるの？」「合格する事業計画書ってどうやって書くの？」こういった疑問に答えています。補助金ビギナーの社長さんでも、きっちり補助金が獲得できるよう、ノウハウをまとめています。

本書を読んでいただければ、もちろんご自身で申請をすることだって可能になります。

また、専門家に依頼するときにも事前に補助金の知識を入れておいたほうが、ご自身も補助金について理解が進みますし、スムーズに補助金申請を進めることも可能となります。

そんな小難しい補助金申請の事前知識本としても本書はぴったりです。

そのために、内容が平易な部分も多く、すっと難しい補助金申請の知識が入るように工夫しています。

「補助金を獲得し、資金繰りを楽にしませんか?」本書がそのお手伝いをさせていただければ幸いです。

改訂版では、電子帳簿保存法、インボイス制度の実施に伴う補助金について加筆修正をしています。

2023年5月

吉野　智成
小島　健太郎

改訂版／中小会社で活用できる「補助金」のことがわかる本　目次

はじめに

第1章　補助金が欲しいと思ったら（基礎編）

第4章　ＩＴ導入補助金

第5章　ものづくり補助金

第6章　その他の補助金

第7章　法認定（法律認定）

第1章　補助金が欲しいと思ったら（基礎編）

1　補助金で経費がカバーできる

補助金とは

本書を手に取っていただいた方は、「補助金」という言葉を一度は聞いたことがあるのではないでしょうか？

世の中には、補助金や助成金など様々な制度があり、「どんな制度なんだろう？」「自分の会社も受け取れるのかな？」といった疑問は少なからず持たれたことがあるでしょう。

補助金は、「お金を補助する」制度です。

その補助は誰がするのかというと、「国」や「地方自治体」になります。

一部民間企業が補助金を支給していることもありますが、その制度は他にゆずるとして、本書では特に「国」が補助してくれる「補助金制度」について書いていきます。

補助金は夢ある制度なんです！

夢のある制度というのは大げさかもしれませんが、実は大げさではありません。

なぜならば、補助金をうまく活用すれば、設備投資が投資予定だったお金の半分以下で済んだり、補助金制度によってはかかった経費をすべて補助してくれたりすることもあります。

【図表１　２つの補助金の違い】

	もらえるポイント	代表例	採択率
①計画を評価して認められるともらえる補助金	事業計画などを作成して、それが評価されれば補助金がもらえる	ものづくり補助金 IT導入補助金 小規模事業者持続化補助金	低い（10％～50％程度）
②要件を充足してもらえる補助金	決められた要件を満たすことで補助金がもらえる	雇用調整助成金 キャリアアップ助成金	高い（90％以上）

補助金は国の各省庁から毎年出されていますが、次の２つに大きく分けることが可能です。

①計画を評価して、認められるともらえる補助金

②要件が満たされるともらえる補助金（助成金）

この２つをまとめると、図表１のように違いがあります。

①の補助金は主に経済産業省が担当している補助金です。そのほとんどが事業計画などを作成して、作成した計画が評価されて認められると補助金がもらえます。

事業計画などを評価してもらい、その計画が合格した場合に補助金がもらえる制度ですので、どうしても採択（合格）率は低くなります。

補助金によっては、数パーセントという採択（合格）率のものも存在します。

②の補助金は、普段は補助金と呼ばれず、「助成金」と呼ばれることがほとんどです。多くは厚生労働省が担当しており、企業の人材活用において、その費用を負担してくれるような補助金（助成金）となっています。

要件を満たしているかを事前に確認する制度でもありますので、採択（合格）率も高く、申請すればほとんどの方がもらうことが可能です。

本書では、基本的に①の計画評価により、もらえる補助金について書いていきます。

補助金は国からお金がもらえると聞いて、「これは、使わない手はない！」と思われたことでしょう。その一方で、「どんなものが補助されるの？」と思ったのではないでしょうか？

補助金で補助してくれる経費はどんなものでも大丈夫ということはもちろんありません。きちんとした決まりがあります。

しかも、その決まりを1つでも満たさないと、補助金を申請してももらえないような悔やんでも悔やみきれないことだってありえる、いうなれば残酷な制度なんです。

ただし、きちんとルールを読み込んで、理解してきちんとした申請書を書けば、例えば売上をあげるためのホームページ制作代金やチラシ製作費だって国が補助してくれます。補助金制度は国がきちんとそのルールをまとめた「募集要項」というのを公表してくれているので、それを読み込むだけです。

ここまで読んでいる皆さんを安心させておいてなんですが、その「募集要項」が、暗号が書いてあるのかというレベルに文字が多すぎて何を言っているのかわかりません。

しかもそれを読むだけでは当然だめで、それから膨大な申請書類を書かなければいけません。

「こんなこと言われたら申請する気が失せる！」と思ったのではないでしょうか？

安心してください。

本書を手に取っていただいたということは、その最初の関門である「募集要項」を理解できたも同然だからです。

あとは、申請書類は「自分で作成」するのか、「専門家に依頼する」のかを選択するだけです。

本書はその水先案内的な内容になっていると自負します。

会計、労務管理などは社内システムにも補助金活用できる

「売上を上げたい」と考えている方だけでなく、社内のシステム刷新で事務処理などの業務効率を上げたいと考えている方もいらっしゃると思います。「そんなときに補助金使えないのかな？」と思われたのではないでしょうか？

実は、そんな業務効率を上げるためにかかった経費も面倒を見てくれる補助金も存在します。代表的な補助金が「ＩＴ導入補助金」です。

この補助金は会社内部の業務効率を改善させるための労務管理システムを導入して、それがきっかけで従業員の残業が減ったりすれば、かかった経費の一部を補助してくれます。

さらには、会計システムを導入して、作業効率が上がり、より生産性がアップしたので、従業員のお給料が上がるような計画をつくったような場合も、その経費の一部を補助してくれるものもあります。従業員にも優しい、使わないのがもったいないような補助金です。

世の中には補助金と名のつくものは3000種類以上あるといわれます。そのすべてを使うというのは現実的ではありません。ですが、これだけの補助金があれば、必ずあなたが使える補助金が存在するということを意味します。

しかも、国の代表的な補助金である「ものづくり補助金」、「IT導入補助金」、「小規模事業者持続化補助金」はほとんどの中小企業や小規模事業者に該当してくる一番メジャーな補助金と言っていいと思います。

国の3大補助金①ものづくり補助金

この補助金は、比較的大規模な設備投資をする事業者を対象にした補助金です。比較的大規模とは、数千万円程度の規模を言います。

また、この補助金は「革新性」がキーワードになっている補助金です。

革新性とは、次のようなことを指します。

- 自社でいまだかつてない新しい取り組み
- 業界でいまだかつてない新しい取り組み
- 地域でいまだかつてない新しい取り組み

しかも、革新性はこのすべてを満たしたものでないといけません。つまり、極端な言い方をすると、「発明」に近いような、他社が真似できない取り組みに対して補助金が出るということです。

対象としている会社や個人の規模は、②ＩＴ導入補助金などと基本的には同じです。

しかし、資本金3億円までの会社や従業員が３００名以下の会社など中小企業の中でも大きい会社まで応募が可能な補助金の代表格と言えます（詳細は第5章）。

国の３大補助金②ＩＴ導入補助金

この補助金は、３大補助金の中でも特殊な補助金です。

なぜならば、補助金制度はその多くが、「売上拡大」を大きな目的としていますが、ＩＴ導入補助金は最終的には売上拡大を目的としつつも、他の補助金とは違った観点で取り組むための補助金制度だからです。

その違った観点とは、「業務効率化による生産性向上」です。簡単に言うと、生産性向上というのは、社内が効率化されて働きやすい環境になることで、会社の売上が拡大し、従業員の給料が上がるといった社内の好循環を生み出す取り組みを支援することです。

例えば、会社にクラウドシステムを導入し、経理部の会計処理を半自動化して今までの手書きの経理処理から変更するといった取り組みに対して、かかった導入経費などを補助してくれます。

そのため、他の補助金に比べて、対象となる経費がシステム導入費などと限定されています。しかも導入するシステムも決められた既存のものでないと、対象にならないなど他の補助金とは違った、気をつけないといけないポイントが多くあります。

対象者は基本的にはものづくり補助金と同じですが、ＩＴ導入補助金がものづくり補助金と違う決定的な部分があります。

それは、医療法人や社団、財団なども対象になっているということです（詳細は第4章）。

国の３大補助金③小規模事業者持続化補助金

この補助金は補助金の名前の通り、「小規模事業者」のみを対象としている補助金です。目的は「小規模事業者の売上拡大」です。

小規模事業者とは、20名以下の法人や個人事業主を指します。中でも商業・サービス業では、5名以下の法人や個人事業主を対象としており、かなり小規模な事業者向けの補助金と言えます。

小さい会社などは、設備投資をするときも、その投資が痛手になることがあります。そんな小さな会社の積極的な売上拡大の取り組みを国が後押しをすることで、より売上を拡大し、安定した経営をしていってほしい思いが詰まった補助金と言えます（詳細は第3章）。

補助金制度を活用することは、お金がもらえるだけではなく、会社の資金繰りがよくなったり、会社が黒字化したり様々なメリットがあります。しかし、使い方を誤れば、補助金の返還や罰則などのペナルティーもある制度でもあります。

読んでいただいている皆さんが適切に補助金制度を活用して、企業経営を改善できるお手伝いをこれから本書でしていきたいと思います。

2　補助金で設備投資も可能

節税と積極投資のバランスが大切

補助金は中小企業や小規模事業者の「積極的な投資活動」を応援する制度と言えます。積極的な投資活動は、会社を大きくすることに繋がり、それは将来的に国に納めてもらう税金に形を変えることになります。その税収が翌年以降の補助金制度の財源になり、また他の会社や個人事業主が補助金を活用して売上を上げて利益を出します。このいい循環こそ補助金制度が成り立つ理由でもあるのです。

ところで、「節税」という言葉は経営をされている方にとって、耳障りのいい言葉かもしれませんですが、過度な節税の結果、会社が赤字では意味がありません。赤字は会社の企業価値を下げ、会社がお金を確保する手段でもある「融資」が受けにくいなどのデメリットをつくり出してしまいます。補助金によっては、融資を併せて実行することで、効果がある補助金も存在します。

せっかく補助金が採択（合格）されても、「融資が受けられないから補助金は断念する」というのは、本来の補助金制度の姿とは言えません。

節税できる部分はきちんとして、「適切な納税を行うこと」。これは、補助金制度を支える大事な行動であるとも言えます。要するに、「節税」と「積極投資」のバランスがとても大切ということです。

新規設備が補助金でまかなえる

会社を発展させていくためには、業種により規模は違いますが、「設備投資」が必要になります。

・工場であれば、最新の製造ライン設備や最新の作業用ロボットの導入。
・建設業であれば、ショベルカーなどの現場作業車などを導入。

このように設備投資をすることで、事業を拡大したいと考えることでしょう。そのときには多額の投資が必要になります。

投資とはつまり、会社の「現金」を使ってモノを購入することです。投資をすると、会社は現金という「流動資産」が減ることになります。「流動資産が減る」というのは何を意味するのかというと、「資金繰りの悪化」です。会社の経営にとって、とにかく大事なのは「手元にどれだけすぐに使えるお金があるか？」ということです。

どんなに売上が大きい会社でも掛売上などで売上の入金が2か月先であるなどの場合は、その2か月間は自由に使えるお金が手元にないことを意味します。

その2か月の間に何か突発的な支払いなどが生じてしまい、お金を用意できなければ会社は継続できません。いわゆる「黒字倒産」というものです。

一般的に会社が余裕をもって経営ができるようにするためには、その会社の売上3か月程度の現預金が必要だと言われます。ですが、3か月分の現預金を持っている会社はあまり多くなく、現実的には売上の1か月分程度である会社が多数を占めます。

経営拡大させる補助金

その会社のいわば「血管」ともいえる「資金繰り」を助けてくれるのが、「補助金」です。

補助金は、設備投資に通常多額のお金が必要なのに対して一部を補助してくれます。そうすると、その補助金を受け取った年の会社の決算は「資金繰り」が改善することになります。補助金のおかげで手元に残ったお金を、さらに別の投資に回して売上を伸ばすといったことも可能になります。

補助金は会社の血管である「資金繰り」をサラサラにする効果が大きい制度と言えます。

しかも、設備投資に補助金を活用することにより、融資を受けやすくなるという副次的な効果も持っています。

例えば、補助額が上限１０００万円の「ものづくり補助金」。補助額が上限１０００万円ということは、補助金の補助率は一般的に3分の2ですので、「１５００万円」の現金（キャッシュ）が会社からなくなることを意味します。

補助金は、「後払い」の制度ですから、会社は一時的に１５００万円という多額のお金を支払わなければならなくなります。会社内部にそれだけのお金があったとしても、その他会社経営には従業員のお給料の支払いや買掛金の支払いなど様々なお金の支払いが必要な場面があります。

そこで、補助金が採択（合格）した際に、金融機関に相談して融資を受けるということが現実的にあり得ます。そのようなときに「補助金採択」という免罪符的なものがあることが融資に通過しやすいポイントにもなり、メリットと言えるわけです。

つまり、会社の「資金繰り」とのバランスを取って補助金を申請していけば、大規模な投資によって会社経営を拡大できます。それを可能にする、とてもいいアイテムが「補助金」なのです。

1億円もらえる補助金も!?

「国の補助金の正体は何か?」と聞かれると、おそらく多くの方はわかるはずです。

「税金」、その通りです。

毎年春先になると、その年の新しい補助金が出てくるのですが、国はその年ごとに重点に置く国としての政策があります。その政策によって、どのような分野に補助金を出すかなどを決めていくことになります。

昨今では、「新型コロナウイルス感染症」の感染拡大によって、補助金はよりフォーカスされました。コロナに関連する補助金制度なども登場し、補助してくれる金額も高めに設定されるなど、国としてもコロナ支援に補助金を活用しようという態度の表れでもあります。

コロナがない時期の補助金へ充てられる税金の金額は「おおよそ2000億円」です。この数字を聞いても、すごい金額だなと思うのではないでしょうか?

ですが、最近のコロナの影響を踏まえて、なんと充てられる税金が「1兆円を超え」、「1社で最大1億円」を補助するような補助金まで登場しています。その補助金は「事業再構築補助金」です。

この補助金は令和3年度に大きな目玉となった補助金でした。この補助金は、新型コロナウイルスの影響などで、今までの事業をこのまま継続するよりは、「思い切った業態転換」や「思い切った業種転換」などを行うことで、経営を立て直していこうという中小企業などの取り組みを支援する補助金です。しかも、令和5年度にはこの事業再構築補助金が継続をして、かなり内容がフルモデルチェンジしました。今までは、売上がコロナの影響で落ち込んだといった業況が厳しい事業者限定の補助金だったのをより成長する分野への投資や環境分野への投資といった新たな視点でも申請できる制度に様変わりしました（第6章参照）。

詳細は募集要項にゆずるとして、国は毎年様々な課題に対して補助金を活用して、中小企業や小規模事業者を支援しようと積極的な取り組みを行っていることが、これでおわかりいただけたのではないでしょうか？

補助金制度は毎年変化が激しく、情報を入手して理解することが難しい制度だと言われます。ですが、基本の条件は毎年の補助金制度を見る限り変わっていません。

そこで本書では補助金制度の「いろはのい」ともいえる、募集される条件を自分でも理解できる力を持ってもらいたい思いで書きました。専門家が読んだときには、ちょっと物足りないと感じるくらい平易な文章で書いてあります。補助金を初めて申請しようと思い立った社長さんにも、すっと頭に入ってきやすいと思うからです。

補助金制度は素晴らしい制度ですが、補助金は使い方を間違えると会社が倒産しかねないくらい危ない制度とも言えます。その制度の基礎をまずは理解しましょう。

3　補助金っていくらもらえるの？

補助額（もらえる金額）

補助金は「補助」とついているとおり、基本的に事業者さんが支払った経費の一部を肩代わりしてくれる制度です。

たまに全額を負担してくれるような補助金も存在しますが、あくまでも補助金は「一部」だということはお忘れにならないでください。

では、「その補助してくれる金額って果たしていくらなの？」

こう疑問に思われたのではないでしょうか？

結論から申し上げますと、「補助してくれる金額は補助金によってまちまち」と言えます。

国の３大補助金と言われている、①ものづくり補助金、②ＩＴ導入補助金、③小規模事業者持続化補助金は補助金ごとに補助してくれる金額が当然違います。

①ものづくり補助金

ものづくり補助金は、革新的な製品開発や今のサービスの提供方法を改善させるなどの取り組みにかかる経費を補助してくれる制度です。

【図表２　補助率】

〈通常枠〉

項　目	要　件
概要	革新的な製品・サービス開発又は生産プロセス・サービス提供方法の改善に必要な設備・システム投資等を支援
補助金額	従業員数５人以下　　：１００万円～７５０万円 ６人～２０人：１００万円～１，０００万円 ２１人以上　：１００万円～１，２５０万円
補助率	１／２、小規模企業者・小規模事業者、再生事業者（※）２／３ ※１　小規模企業者・小規模事業者は、常勤従業員数が、製造業その他・宿泊業・娯楽業では２０人以下、卸売業・小売業・サービス業では５人以下の会社又は個人事業主を言います。補助率は２／３ですが、補助金交付候補者として採択後、交付決定までの間に小規模企業者・小規模事業者の定義からはずれた場合は、１／２に変更となります。また、交付決定後における従業員数の変更も同様であり、確定検査において労働者名簿等を確認しますので、補助事業実施期間終了までに定義からはずれた場合は補助率２／３から１／２への計画変更となります。特定非営利活動法人は、従業員が２０人以下の場合、補助率が２／３になります。 ※２　本事業における再生事業者の定義は、別紙４の通り。それぞれの枠の補助率に関わらず、補助率が2/3となり、また基本要件未達の場合の返還要件の免除があります。

【グローバル展開型】

項　目	要　件
概要	中小企業者等が海外事業の拡大・強化等を目的とした「革新的な製品・サービス開発」又は「生産プロセス・サービス提供方法の改善」に必要な設備・システム投資等を支援（①海外直接投資、②海外市場開拓、③インバウンド市場開拓、④海外事業者との共同事業のいずれかに合致するもの）
補助金額	１，０００万円～３，０００万円
補助率	中小企業者　１／２、小規模企業者・小規模事業者　２／３
設備投資	単価５０万円（税抜き）以上の設備投資が必要
補助対象経費	機械装置・システム構築費、技術導入費、専門家経費、運搬費、クラウドサービス利用費、原材料費、外注費、知的財産権等関連経費、海外旅費

この補助金の特徴は、「比較的投資規模が大きいこと」です。そのため、補助してくれる金額も大きく、一般型では最大で「1250万円」となっています。気を付けなければいけないのは、1250万円が誰でも受け取れるということではないということです。補助金額と並んで重要なのは「補助率」です。補助率とは、「これだけ補助金で補助しますよ！」という上限を表しています。

例えば、小規模事業者で従業員が6人~20人の事業者は補助率「2／3」になります。そうなると次のような投資は補助金額がこのようになります。

《ケース1》設備投資額900万円→2／3：600万円＝補助金額600万円。投資額の2／3が600万円となりますので、その満額である「600万円」が補助金額となります。

《ケース2》設備投資額3600万円→2／3：2400万円　＝：補助金額1000万円。投資額の2／3が2400万円と補助上限金額の1000万円を超えていますので、補助上限金額の「1000万円」までが補助金額となります。

②IT導入補助金

IT導入補助金は、会社の日々のルーティンワークをRPAなどの自動化ツールを使って、負担軽減をするなどの業務効率化を目指す取り組みにかかった経費を補助する制度です。

この補助金の特徴は、「労働生産性向上」です。

【図表３　経費区分及び補助率、類型、補助上限額、下限額】

補助額の下限・上限、補助率

	通常枠		セキュリティ対策推進枠	デジタル化基盤導入枠	
	A類型	B類型		デジタル化基盤導入類型	
補助対象経費区分	ソフトウェア購入費・クラウド利用料（最大2年分）・導入関連費		サービス利用料（最大2年分）	ソフトウェア購入費・クラウド利用料（最大2年分）・導入関連費	
補助率	1/2以内		1/2以内	3/4以内	2/3以内
上限額・下限額	5万円～150万円未満	150万円～450万円以下	5万円～100万円	（下限なし）～50万円以下	50万円超～350万円

そのため、他の補助金では売上を上げるような取り組みに対してかかる経費を補助してくれるようなものもありますが、ＩＴ導入補助金は「売上拡大」ということが直接的な目的ではありません。補助される対象の経費も、ソフトウェア費用など他の補助金に比べて、対象の範囲が狭いのも特徴の１つです。

社内業務を効率化させて、スタッフの残業を防いだりして、最終的には利益率アップへ繋げるための働くスタッフさんのことを考えられた補助金とも言えます。

業務効率化や生産性向上を主な目的として、最終的に売上を上げるための取り組みに対して補助をする補助金ですので、他の補助金では直接的に売上拡大につながるようなＷＥＢページといったものも対象になっていましたが、ＩＴ導入補助金は対象外になるなど、しっかりと対象になる経費を見定めることが大切です。

ＩＴ導入補助金では、補助金事務局にあらかじめ登録をされている既存のＩＴツールを導入しなければいけません。

ＩＴ導入補助金もかかった経費の一部を補助する補助金ですので、補助率と補助上限の金額があります。

【図表4　補助金額】

4. 補助率、補助上限額等

(1)補助率、補助上限額等は以下のとおり

いずれか1つの枠のみ申請が可能です。

類型	通常枠	賃金引上げ枠※	卒業枠※	後継者支援枠	創業枠
補助率	2/3	2/3 (赤字事業者は 3/4)	2/3	2/3	2/3
補助上限	50万円	200万円	200万円	200万円	200万円

また、IT導入補助金は「A類型」、「B類型」といった社内に取り入れるソフトウェアの数などで申請できる類型が異なってきます。

ここでは一般的なA型とB型にしぼって書かせていただいております。また、詳細はIT導入補助金の章で詳細を書いておりますので、ここでは割愛します。

③小規模事業者持続化補助金

小規模事業者持続化補助金は、20名以下の小規模事業者（商業・サービス業は5名以下の小規模事業者）向けに売上を上げるときにかかる経費の一部を補助してくれる補助金です。

この補助金の特徴は、「小規模事業者の販路拡大」です。

売上を上げることは小規模事業者も当然ながら必要なことではありますが、小規模事業者が売上を上げていくときにかかる経費というのは、小規模事業者にとって負担でもあります。大企業のように潤沢な資金がある小規模事業者は少ないですので、新たな販路を拡大しようとしても躊躇してしまいがちです。

そのため、積極的に売上を上げる努力をしようという小規模事業者

に対して、国がかかる経費の一部を補助してくれるものが小規模事業者持続化補助金です。

小規模事業者向けの補助金ですので、かかる経費も他の補助金に比べて少ないことが想定されており、補助される金額も50万円～１００万円となっています。

補助率（自己負担の割合）

補助金という名称のとおり、あくまでも補助してくれる制度であるのが補助金制度です。多くの補助金では1／2～2／3を補助してくれるようになっています。

最近では新型コロナウイルスの影響によって新たな補助金制度も出ました。コロナの影響の大きさを考えて、補助される率も３／４と大きくなっていたり、制度によってはかかった経費の１００％を補助してくれるものまで登場しています。

ですが、基本的には「かかった経費の50％～60％程度」を国が補助してくれると考えておけば間違いはないでしょう。

一部しか補助されないと思われた方もいるかもしれません。ただ、通常であればすべての経費を会社が負担しなければいけないものを国が補助してくれる補助金制度は、会社の資金繰りという側面からもとても魅力的な制度です。

つまり、少ない負担で済むということは、会社からそれだけの流動資産（現金）の流出を防げたという意味でもあります。その点でも意義ある制度と言えます。

【図表5　補助金を利用できる中小企業の範囲】

・資本金又は従業員数（常勤）が下表の数字以下となる会社又は個人であること。

業種	資本金	従業員数（常勤）
製造業、建設業、運輸業	3億円	300人
卸売業	1億円	100人
サービス業（ソフトウェア業、情報処理サービス業、旅館業を除く）	5,000万円	100人
小売業	5,000万円	50人
ゴム製品製造業（自動車又は航空機用タイヤ及びチューブ製造業並びに工業用ベルト製造業を除く）	3億円	900人
ソフトウェア業又は情報処理サービス業	3億円	300人
旅館業	5,000万円	200人
その他の業種（上記以外）	3億円	300人

4　補助金って誰がもらえるの？

基本は中小企業のみ

補助金は誰でも申請すればもらえるものではありません。例えば、トヨタ自動車のような大企業などは補助金の対象者からは外れています。このような大企業は、逆に補助金を支給する団体として、補助金制度をつくっていることがあります。簡単に言うと、補助金の対象者は「中小企業や小規模事業者」です。

ただし、「どんな中小企業や小規模事業者も対象になるのか？」と言われると、そこは考えなければいけません。補助金制度には必ず「募集要項」が国から出されています。そのルールブックでもある募集要項に基づいて申請手続を進めます。

その中の真っ先に重要なポイントとして「補助金制度の対象者」があります。

【図表６　過去年度のIT導入補助金を受けた事業者】

【参考】過去年度のＩＴ導入補助金において、申請を受け付けた組織形態の事業者

株式会社　有限会社　合同会社　合名会社　合資会社　特定非営利活動法人（NPO法人）
企業組合　協業組合　事業協同組合　協同組合連合会　商工組合　商店街振興組合　商店街振興組合連合会
生活衛生同業組合　生活衛生同業小組合　一般社団法人　一般財団法人　学校法人　公益社団法人
公益財団法人　農事組合法人　労働組合　農業協同組合　農業協同組合連合会　漁業協同組合
漁業協同組合連合会　土地改良区　森林組合　森林組合連合会　商工会　商工会連合会　商工会議所　青年会議所
企業年金基金　都道府県職業能力開発協会　健康保険組合　土地改良事業団連合会　等（順不同）

①ものづくり補助金

ものづくり補助金は、革新的な新規設備投資や開発にかかる経費を補助してくれる制度です。補助金額が大きい、国の代表的な補助金です。

ものづくり補助金の募集要項には、対象となる事業者について書かれています。

まず、業種によって対象となる事業者の大きさが違います。

例えば製造業、建設業、運輸業は資本金が３億円までで、従業員数も３００人までという限定がされています。当然ながら、製造業の会社であっても、資本金が４億円で従業員数が５００人の会社は、対象になりません。

しかし、資本金が５億の会社でも従業員数が２００人の会社は、「資本金」または「従業員数」のどちらかの条件を満たせば、この場合は対象事業者となることができます。

②ＩＴ導入補助金

ＩＴ導入補助金は、生産性を向上させるシステムを社内で導入するためにかかった経費の一部を補助してくれる補助金です。

ＩＴ導入補助金の特徴としては、「対象となる業種が多い」ということです。国の３大補助金である「ものづくり補助金」や「小規模事業者持続化補助金」はいわゆる一般社団法人などを対象から外しています。しかしながら、ＩＴ導入補助金は一般社団法人や財団法人、特定非営利活動法人などを対象事業者として、より広範囲の事業者が応募することが可能となっています。

過去にＩＴ導入補助金の申請を受け付けてくれた事業者の種類が、ＩＴ導入補助金の募集要項に記載されております。

③小規模事業者持続化補助金

小規模事業者持続化補助金は、20名以下の小規模な会社向けの販路拡大を目的とした補助金です。さらに、商業・サービス業にいたっては、５名以下とかなり小規模な事業者を対象としています。補助金の名称のとおり、小さい会社が売上を拡大するためにかかる経費を補助しようという補助金です。対象ものづくり補助金やＩＴ導入補助金と比べ、しぼられています。

小規模事業者持続化補助金の募集要項には、補助対象にならない事業者も書かれています。医療関係の法人や個人事業者なども対象から外れています。

一般社団法人、ＮＰＯ法人、医療法人等は原則不可

補助金を応募できる事業者は、補助金制度すべてにおいて違います。きちんと、ご自身の会社が

【図表７　補助対象になる者・ならない者】

商業・サービス業（宿泊業・娯楽業除く）	常時使用する従業員の数　5人以下
サービス業のうち宿泊業・娯楽業	常時使用する従業員の数　20人以下
製造業その他	常時使用する従業員の数　20人以下

補助対象にならない者
○医師、歯科医師、助産師 ○系統出荷による収入のみである個人農業者（個人の林業・水産業者についても同様） ○協同組合等の組合（企業組合・協業組合を除く） ○一般社団法人、公益社団法人 ○一般財団法人、公益財団法人 ○医療法人 ○宗教法人 ○学校法人 ○農事組合法人 ○社会福祉法人 ○申請時点で開業していない創業予定者（例えば、既に税務署に開業届を提出していても、開業届上の開業日が申請日よりも後の場合は対象外）（※2） ○任意団体　等

対象になるかどうかということは真っ先に確認が必要ですが、一般的にどの補助金でも対象としていないところが存在します。それは、一般社団法人やＮＰＯ法人、医療法人等です。

一般社団法人は株式会社に比べて設立がしやすく、活用される設立形態として有名です。しかし、補助金を受けたい方が一般社団法人の形態で設立するのは考え物です。一部対象としている補助金（ＩＴ導入補助金）も存在しますが、原則対象外が多いと言えます。

補助金の多くは「売上を拡大」することを目的としています。そのため、売上拡大を主な目的としていない社団などは、補助する対象とみなされていません。

また、医療法人なども独自の医療団体などから手厚い制度で保護されていることも多く、補助金の対象から外されています。より多くの事業者の方に補助金制度を活用してもらいたい目的があるからです。

しかも、補助金ときってても切れない関係ともいえる「融資」においても、原則一般社団法人などは対象外とされています（日本政策金融公庫の借り入れでは一部対象になります）。借り入れをするということも、一般的には会社を大きくさせる売上拡大をするために受けるものです。

売上を拡大することを目的としていない団体に、金融機関は融資をする必要性がないという見方をします。ほぼ受けられないと考えたほうがいいでしょう。

最初の設立が簡単だからといって安易に決めることなく、「何のために会社などをつくりたいのか？」という原点に立ち返ることも大切です。

5　何をすれば補助金ってもらえるの？

補助対象事業（国が補助したい事業）とは

補助金は、中小企業や小規模事業者が販路拡大や労働生産性向上など会社をよりよくする取り組みに対して、税金を使って補助してくれる制度です。

そのため、どんな取り組みも支援してくれるわけではなく、あくまでも補助金ごとの目的に合った取り組みを補助してくれることになります。

各補助金の趣旨を簡単にまとめると次のようになります。

①ものづくり補助金の目的は革新性

ものづくり補助金は、中小企業などの革新的な設備投資を応援してくれる補助金になります。

では、革新性とは果たしてどのような意味なのでしょうか？

革新性とは、次の３つのような取り組みを意味します。

●地域でいままでにない
●業界でいままでにない
●自社でいままでにない

つまり、革新性とは「発明」に近いイメージだということです。

では、どのような取り組みがものづくり補助金の採択を受けているのかをご紹介します。

●製造業

・金属加工のIoT化によるコスト削減と自動化、新加工分野進出。

金属製品製造業のある会社は、金属材料の成分分析と加工ロボットのIoT化しました。それにより、加工データを収集してビッグデータ化を図り、材料に応じた加工条件を見い出すことで、職人が確認しながら行う作業の完全自動化を目指すためシステムを構築しました。

さらに最新型の加工ロボットを導入したことにより、加工時間の短縮、刃物寿命の延長を目指します。

●建設業

・建設工事におけるトータル時間・コスト削減を目的とした鋼板への付加価値付与。

平板自動開先加工機及び鋼板用ショットブラストマシンを導入し、加工時間の短縮と作業効率の改善を図るとともに、鋼板への付加価値を付与しました。

●飲食小売業

・急速冷凍・加熱処理によるロングライフ食品の開発と事業化。

新規の機械導入により、賞味期限が飛躍的に延長。さらに、豆腐とうの花を使用した新たな形の肉の代替品を開発。

②ＩＴ導入補助金の目的は業務効率化による生産性向上

ＩＴ導入補助金は、決められた既存のＩＴツールを導入することで、社内の業務が効率化して、生産性が向上する取り組みに対し、補助金をもらえる制度になります。

業界ごとの採択事例を紹介します。

●宿泊業

・天然温泉旅館を経営する会社が、会計・給与計算システムの連携により、業務時間が短縮。

●建設業

・建設業の会社が法人化を機に原価や予算実績管理等の業務を見える化。経営管理に必要な情報の集計作業時間が大幅に削減できました。

●士業

・法人・個人事業主等に対し、税務・会計アドバイザリー業務を提供する会計事務所。クラウド会計ツール導入により、入力作業が自動化され、作業時間が削減。より多くのクライアント対応が可能になり、売上・粗利が増加しました。

●情報通信業

・通信ネットワークの設計、構築、保守まで、情報通信設備に関する幅広いソリューションを提供している情報通信業の会社。ＲＰＡツールの導入を機に業務プロセスの見直しを行い、定型業務を自動化した。

その結果、属人化された業務を改善し、月に約25時間の残業時間を削減できました。

③小規模事業者持続化補助金の目的は小規模事業者の販路拡大（生産性向上も含む）

小規模事業者持続化補助金は、20名以下（商業・サービス業については5名以下）の小規模事業者が積極的な販路拡大を行うことを応援するための補助金です。

業界ごとの採択事例を紹介します。

●飲食業
・セルフレジ導入によるスタッフ数の削減。
・客室を改装したお食事処の設置による非対面型食事の提供。

●宿泊業
・風景と再会を届ける公式ＥＣショップ開設。
・民宿営業を非対面化、自動化する宿泊運営システム構築。

●飲食業
・飲食店への販路拡大と店舗集客強化のための設備の充実。

経費的にＯＫでも補助対象外となる場合がある

補助金ごとに対象としている経費の項目が違っても、基本的には「販路拡大」と「業務効率化による生産性向上」という目的に合致した際に補助金を支給する制度だと考えてもらえば、おおむね間違いはありません。その中でもよく活用される経費として挙げられるのは、ホームページ制作などのＷＥＢ関連の経費です。

ただし、ＷＥＢ関連の経費だとしても、目的に合致しなければ、どんなに補助される経費だとしても、補助金の対象外となってしまいます。

例えば、ホームページ制作を補助金で補助してほしいと思い、会社のコーポレートサイト（会社紹介サイト）をつくろうとしています。一見すると、ホームページ制作ですので、対象となる経費になるように見えます。

ですが、これは「ＮＧ」です。なぜならば、会社紹介のコーポレートサイトは会社をＰＲしているもので、直接的な販路拡大になっていないからです。

公募要領にもそのことは書いてあるのですが、公募要領は暗号が書かれているかのように内容が複雑ですので、読み過ごしてしまいがちです。

読み過ごしてしまったがゆえに、せっかくの申請も要件を満たさないとのことで不採択（不合格）となってしまっては、かけた労力が無駄になってしまいかねません。

補助金ごとの申請で求めている「目的」は何か？

このことを常に念頭に置きながら計画書作成を進めてください。

急がば回れという言葉がぴったりなのが、補助金制度と言えるでしょう。

6　補助金って何に使えるの？

補助金が出る経費とは（補助対象経費・補助対象外経費）

どうせ国がお金出してくれるなら「あれも買いたい！」「これも買いたい！」と思うかもしれません。もちろん、積極的な設備投資によって、会社を拡大することは中小企業や小規模事業者がしていくミッションともいえる活動です。

そこで、補助金はどんな経費を補助してくれるのか、ここでは解説していきたいと思います。それと同時に、補助されない経費も確認することで、補助金を活用するときに補助してもらいたい経費が一目瞭然になります。

【補助対象経費】

まずは、補助される経費について見ていくことにしましょう。

補助金で補助される経費は、次の条件を満たすことが大切です。

(イ) 使用目的が本事業の遂行に必要なものと明確に特定できる経費。
(ロ) 交付決定日以降に発生し対象期間中に支払いが完了した経費。
(ハ) 証拠資料等によって支払金額が確認できる経費。

まず大切なのは、補助金申請する事業計画に使う経費でなければいけません。当然と言えば当然のことを言っているのですが、よくあるのが、「補助金申請で申請した事業に使うと嘘をついて、経費を補助してもらう」パターンです。

補助金については、そのお金が出た後に国が定期的に調査します。その調査によって、不正な経費の補助が行われていたときは、補助金を返還させられることになります。場合によっては罰金や懲役などの重たい罰則が科されます。事業計画に使う経費は、偽りなく事業計画書に書きましょう。

次に、「交付決定された日の後に支払われた経費でないとだめだ」ということです。補助金は申請した事業計画が採択（合格）すると、「採択通知」がまず申請者に届きます。その後、「交付決定通知」が届きます。この交付決定通知が届いた後がいわゆる「交付決定日以後」にあたります。

つまり、この交付決定通知書が届く前に契約や支払いをした経費は、どんなに事業計画で使う経費だとしても、補助金の対象経費として認められません。

【交付決定日以後の考え方】

①補助金申請
↓
②補助金採択（合格）
↓

③採択通知到着

←

④交付決定通知到着

← ← ← ← ←

⑤補助事業終了

最後に大事なポイントとしては、きちんと経費の支払いをしたことがわかる書類などがあることが大切です。

なぜなら補助金は採択（合格）したらすぐにお金がもらえる制度ではなく、経費の支払いを終わった後にもらえる「後払い」の制度です。

その支払いを終わったときに再度書類を国に提出をします。それが「実績報告」といわれるものです。実績報告が終わらなければ、どんなに採択（合格）したとしても、補助金はもらえません。

実績報告が補助金をもらうための大事なカギを握るわけです。

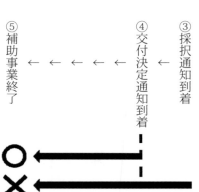

その実績報告は様々な書類を用意しなければいけません。

・見積書
・発注書（契約書）
・請求書
・領収書
・支払明細（振込明細）
・完了報告書

ここに挙げた書類は一例ですが、これだけの書類を準備しなければいけないわけです。書類がなければ、どんなに経費を支払ってもお金はもらえません。

【どんなものが補助される？】

●WEBページ制作
●リスティング広告費
●キッチンカー
●動画制作外注
●賃料
●コンサルティングフィー

●クラウドサービス

【どんなものが補助されない？】

どんなに補助金申請における事業計画で必要な経費でも、認められないものがあります。

その経費の特徴は一般的に次のような特徴があります。

①汎用性がある（転売可能）

②効果や作業内容が不明瞭

「①汎用性がある」とは、補助金で採択された事業以外の取り組みにもその経費が使えるということです。例えば、わかりやすいもので言うと、「パソコン」です。

よく補助金のご相談で「パソコンを購入したい」というお話を受けるのですが、国の補助金では認められません。ここであえて国の補助金ではだめと言ったのには訳があります。例えば東京都など地方自治体が行う補助・助成事業では認められているケースも見受けられるからです。

ただし、認められているとしても、きちんと補助・助成事業で使うものであるということは明確にしなければなりません。他で使っている場合は対象経費としては認められません。

基本的には、パソコンのような汎用性のあるもの、つまり「転売」することが可能なものはダメと覚えておいたほうがいいでしょう。

（その他汎用性があると認められるものの一例）

・カメラ

・Ｗｉ―Ｆｉ機器

「②効果や作業内容が不明瞭」というのは、例えば「ＳＥＯ」のような、検索エンジンの仕様によって常に効果に変化があるようなものをいいます。

ＳＥＯも販路を拡大するための広報費として一見すると認められそうですが、効果が具体的にどのくらいあるのかがわからないので、効果が明確なもの以外は対象外の経費とされています。

よくある補助対象項目を解説

各補助金（ものづくり補助金・ＩＴ導入補助金・小規模事業者持続化補助金）では、対象とする経費の項目が当然ながら違います。

そこで、ここでは各補助金のよくある対象経費について簡単に見ていくことにしましょう。

より詳細は、各補助金の公募要領をご覧いただければ、詳しく解説されております。

①ものづくり補助金

ｉ機械装置・システム構築費

（イ）補助金申請で行う事業で使用される機械・装置、工具・器具（測定工具・検査工具、電子計算機、デジタル複合機等）の購入、製作、借用に要する経費

（ロ）補助金申請で行う事業で使用される専用ソフトウェア・情報システムの購入・構築、借用に
要する経費
（ハ）（イ）もしくは（ロ）と一体で行う、改良・修繕又は据付けに要する経費
【対象となる経費】
・製造ロボット導入
・製造ライン導入
・自社で製造した機械装置導入※見積もりが3社から必要
・中古設備　※見積もりが3社から必要
【対象とならない経費】
・電源を外部から引き込むための経費
・機械装置の設置場所の床の補強
・機械装置の撤去費

ⅱクラウドサービス利用費

クラウドサービスを利用するための経費です。

クラウドサービスの場合、サーバーを使ってデータなどを管理することになります。その「サーバー利用料」も対象になります。

ただし、サーバー自体を購入する費用は対象外です。また、クラウドサービスを利用するときに

関連する経費も対象です。

【対象となる経費】
・サーバー利用代
・ルータ使用料
・プロバイダ契約料
・通信料

【対象にならない経費】
・サーバー購入費
・サーバー自体のレンタル費
・ホームページ作成料
・パソコンなどの本体費用

ⅲ 外注費

新製品やサービスの開発に必要な加工や設計（デザイン）・検査などの一部を外注する場合の経費を言います。

【対象になる経費】
・動画制作費
・デザイン料

【対象にならない経費】
・外注先が機械装置等の設備を購入する費用

②ＩＴ導入補助金

ＩＴ導入補助金は、次の2つの経費のみ認められている補助金となります。

※令和5年度のＩＴ導入補助金にはいくつか特別枠がありますが、ここでは通常枠の対象経費を解説いたします。

ⅰソフトウェア費

生産性が向上したり、業務改善に効果のあるソフトウェアになります。

【対象になる経費】
・経理ソフト
・テレワーク用システム

【対象にならない経費】
・新たに制作するソフトウェア

ⅱ導入関連費

それ以外にもシステム連携に必要なオプション製品も対象になります。

【対象になる経費】

・セキュリティーソフトウェア

③小規模事業者持続化補助金

小規模事業者持続化補助金は、小規模事業者の販路拡大が目的の補助金です。販路拡大に関連する経費は広範囲で認められています。

様々な対象経費が公募要領には書かれていますが、ここでは一部の代表的な経費について確認していきます。

その他の詳細は必ず公募要領をご確認いただき、不明点は補助金事務局に都度確認することが大切です。

ⅰ広報費

パンフレット・ポスター・チラシ等を作成するため、および広告媒体等を活用するために支払われる経費

【対象になる経費】

・チラシ・ＤＭ・カタログの外注や発注

・新聞・雑誌・インターネット広告

・看板作成・設置

・郵送によるＤＭの発送

【対象にならない経費】
・ウェブサイトのSEO対策等で効果や作業内容が不明確なもの
・会社案内パンフレットの作成・求人広告
・コーポレートサイトの作成

ⅱ委託・外注費

事業遂行に必要な業務の一部を第三者に外注（請負）するために支払われる経費
※自らが実行することが困難な業務に限る。

【対象になる経費】
・店舗改装、バリアフリー化工事
・利用客向けトイレの改装工事
・移動販売等を目的とした車の内装、外装工事

【対象にならない経費】
・単なる店舗移転を目的とした旧店舗、新店舗の解体、建設工事
・今ある事業の廃止に伴う設備の解体工事

ⅲウェブサイト関連費

販路開拓を行うためのウェブサイトやECサイト等の制作・改修などをするための経費

【対象になる経費】

・商品販売のためのウェブサイト作成や更新

【対象にならない経費】

・商品・サービスの宣伝広告を目的としない広告

7　補助金っていつもらえるの？

補助金をもらうまでには１年かかる

苦労して補助金申請を終えて、晴れて採択（合格）されたら、補助金を受け取ることができます。

ただし、厳密に言えば「もらえる可能性」があるといったほうが正しい言い方かもしれません。

「えっ！　合格したのにもらえないかもしれないの？」と思われた方がほとんどでないでしょうか？

実は、補助金は採択（合格）したから一安心という制度ではありません。合格後に「実績報告」という報告作業をしなければ、補助金を受け取ることはできません。

しかも、申請してから補助金は基本的に約１年かかるほど長丁場な制度なんです。

補助金には実施期間がある（補助対象期間）

補助金は採択されなければ意味がありません。しかし、採択後に補助金獲得まではもう少し時間がかかります。採択された後に支払うべき経費の支払いをして、その支払った証明書を準備して国に報告する作業をしなければいけません。

「実績報告」という報告作業を無事に終えることで、やっと補助金を受け取れます。しかも経費の支払いも、いつでもいいわけではなく、きちんとした期間が決められています。その決められた期間内に支払いがされなければ、採択（合格）されていようが補助金は受け取れません。いわば残酷な制度とも言えます。

例えば、ものづくり補助金では10か月の事業実施期間が設けられています。

つまり、採択通知が到着後10か月の間に設備の契約や支払いを済ませなければいけません。これが実施期間内にない場合は、どんなに支払いを完了したとしても補助対象外になってしまいます。

採択（合格）したから気が抜けるようなことがないように、最後まで慎重に取り組みをしてください。

入金までの大まかな流れ

補助金は採択（合格）してすぐにお金がもらえる制度でないということはすでにご理解いただけたと思います。

では、どのような流れで入金までいくのかをここで簡単に見ておきましょう。

補助金申請
←（約１か月～１か月半）
採択（合格）
←（数週間）
採択通知到着
←（数週間）
交付決定通知到着
補助事業開始
←（最大10か月程度）※補助事業の期間は年によって違います。
←
←
補助事業完了（実績報告作業）
←（数か月）
補助金請求通知到着
←（即日）
補助金請求

←（数か月）
←
補助金入金

この流れを見ていただいたとおり、補助金入金までは様々な出来事が起こります。

補助金入金までは、事業者の方それぞれがどのくらいのスピード感で経費の支払いをするかで変わってきますが、最大でも申請から考えると1年程度かかってしまうことも大いにあります。

その期間を短くするポイントは、「交付決定通知」が届いた後になるべく早めに経費支払いを完了させることです。実績報告等を経費支払い完了後にすぐに終えられるようにすることで、補助金入金までの期間は短縮が可能です。

8 補助金に通りやすい時期と合格率

「採択率」＝「合格率」

補助金は申請したらすべてが通過するわけではありません。補助金には「審査」があります。その審査を無事に通過すると「採択」ということになります。採択というのは、平たく言いますと、「あなたの事業を国が応援しますので、一部の経費を肩代わりします！」ということです。

採択つまり「合格」ということを意味します。大学入試などでも合格率というのがありますが、もちろん補助金にも採択率（合格率）がフォーカスされます。補助金ごとにその採択率はまちまちです。応募する時期によっても採択率が大きく上下します。

補助金によっては、数十％という低い採択率の補助金もある反面、ほとんどの申請が通過してしまうこともあります。補助金の採択率はその年その年の国の政策にも左右されます。

例えば、最近で言えば昨年令和２年は「新型コロナウイルス」の感染拡大により、多くの中小企業や小規模事業者が大打撃を受けました。

そんな中補助金制度もコロナの影響に対応した手厚い補助金が登場するなど、一気に補助金制度がフォーカスされた年でもありました。

補正予算が組まれ、中小企業支援に国が乗り出し、補助金へ充てられる財源も拡充され、補助金も採択率がぐっと上がりました。

一例で言うと、「小規模事業者持続化補助金（コロナ特別対応型）」においては、第１回目の採択率が、なんと「81・6％」です。いわば、申請書を出せば通過するような状態になりました。国が政策的にも早急に中小企業を支援していかなければいけない流れからの現象とも言えますが、このような幅広い採択率（合格率）が出るのも補助金制度の特色と言えるでしょう。

ただし、早く申請することだけにとらわれて、絵に描いた餅のような実現しない計画を書くことは補助金制度の趣旨に反します。その点は必ず忘れないでください。

年度前半が合格率高め

では、「補助金は応募時期によって採択率（合格率）が変わるのか？」、この疑問にぶち当たると思います。

結論から言いますと、「変わります」。

コロナによって採択率が大幅に上がったという現象もありましたが、その後の採択率の推移を見ていくと、補助金は応募時期によって採択される確率が変化していることがわかります。

小規模事業者持続化補助金コロナ特別対応型は、1年を通じて応募締め切りを何回かに分けて募集されました。コロナの影響が大きくなるにつれ、補助金申請の件数も増え、結果としてその後は面白いように採択率（合格率）が下がっていきます。第2回は81・3％、第3回は33・9％まで下がりました。第4回にいたっては、29・4％と3割を切る採択率になりました。

当初が8割を超える採択率でしたので、事業者がこぞって応募したこともあり、急激に採択率が下がっていることが一因ですが、この採択率の減少から言えることがあります。

それは、「早い者勝ち」ということです。

早く応募したほうがまだ充てられている税金が潤沢にあります。つまり、最初は採択率が高い傾向にどの補助金もあるんです。

事実として、コロナの時期以外の補助金も基本的に最初の申請締め切りで、応募したものは採択率が高いものばかりです。

【図表８　小規模持続化補助金の採択率】

		公募開始	補助上限額	補助率	公募終了	採択結果	応募件数	採択件数	採択率
一般型	1	3/10	50万円（100万円）	2/3	3/31	5/22	8,044	7,308	**90.9%**
	2				6/5	8/7	19,154	12,478	65.1%
	3				10/2	R3/1/22	13,642	7,040	**51.6%**
	4				2/5	未定			
コロナ型	1	5/1	100万円 150万円	2/3 or 3/4	5/15	5/29	6,744	5,503	**81.6%**
	2				6/5	7/22	24,380	19,833	81.3%
	3				8/7	10/30	37,302	12,664	33.9%
	4				10/2	R3/2/5	52,529	15,421	**29.4%**
	5				12/10	未定			

ここでは小規模事業者持続化補助金の採択率推移の一例を挙げておきます。

ここで挙げたものは軒並み第1回目の申請での採択率が一番高く出ています。

早めに準備して早めに申請を完了する。これが補助金のポイントというかセオリーとも言えます。

9　補助金に合格するコツは

公募要領の審査のポイントを押さえる

補助金を採択に導くには「公募要領」の攻略が一番の近道です。補助金の情報は様々なところで出されていますが、やはり一番は公募要領の読み込みです。

ただし、やみくもに読むだけで、採択につながる申請書作成はできません。ただ時間だけを浪費するだけになります。そこで、ここでは補助金申請にとって一番のキーとなる「公募要領」のポイントに絞って解説していきます。

ポイント①／対象事業者の確認

とても当たり前のことですが、補助金が応募できる対象事業者かどうかを確認してください。

公募要領を最後まで読んでしまってから対象外に気づくことは、時間の浪費になってしまいます。

ここは最初に確認し、読み込んでください。

ポイント②／対象業種でも規模を確認

対象だったからと安心しないでください。対象になる会社がある一定の要件を満たすと、対象外になるケースが補助金申請にはほとんど設けられています。対象だということが理解できてから、自分の会社の規模などが対象から外されていないかどうかも公募要領で確認をしてください。

ポイント③／応募期限を確認

補助金申請において、スケジュールはとにかく大事です。どんなにいい申請書を書けたとしても、締め切り後に完成していたのでは意味がありません。いつまでに申請書を完成させて申請を終えればいいのか、常に頭に入れて気合いを入れて申請書類作成をしてください。

ポイント④／対象外経費の確認

対象になる経費よりも先に「対象にならない経費」を確認してください。理由としては、補助金対象にならない経費を確認して、それを避けて申請書作成をしたほうが効率よく申請作業ができるからです。

補助金申請において、対象外にしている経費というのは特に汎用性が高いアイテムになります。汎用性とは「どこでも使えるようなも」のを言います。例えば「パソコン」です。多くの事業者さんは実は汎用性の高いアイテムを補助金で欲しがる傾向があります。「パソコン買えるの？」「ビデオカメラ購入できるの？」、このような問い合わせは補助金あるあるです。ですので、対象にならない経費を真っ先に確認することで、補助金を活用しないという選択肢も検討できます。

補助金はあくまでも経費を先払いして、後で補助金が支払われる「後払い制度」です。

事業者さんによっては、会社内部に潤沢なキャッシュ（現金）がない場合があります。そのような会社が補助金制度を使ってしまうと、最悪キャッシュアウトを起こして会社を畳まなければいけなくなるような最悪の事態にもなりかねません。

「買いたいものありき」で補助金申請するのではなく、「補助金で何を目指したいのか」が大事です。この視点で、必要な経費を見つつ、それが対象外経費に当たらないのかを確認していくことが補助金申請効率化の近道です。質の高い申請書作成ができるポイントとも言えます。

ポイント⑤／各補助金が求める目的を理解する

各補助金は募集をする趣旨がまったく違います。

ものづくり補助金で言えば、「革新性」のある設備投資、ＩＴ導入補助金では「業務効率化による労働生産性の向上」、小規模事業者持続化補助金では「小規模事業者の販路拡大」です。

必ず公募要領には「補助金の目的」ということが書かれています。この目的に沿って、自社の事業計画を作成していくことになります。ポイント１～４までを確認できたら、事業計画作成の下準備ということで各補助金の目的を理解してください。

見せ方を工夫する

補助金申請はあくまでも書面審査です。決められた様式が国から提供されて、その様式に沿って書いていくことになります。事業者が１００社あれば、すべての申請書が違うことは当たり前です。

書面審査である補助金申請は、実は「見せ方」もとても大事です。

ただし、どんな見せ方でもいいわけではなく、ポイントがいくつかあります。

見せ方ポイント①／ストーリーを描く

補助金の事業計画は、ある意味「物語」と言えます。

今までの会社の現状から市場の動き、新たな取り組みをしたことによる会社の変化といった形で、補助金申請は物語を書く筆者のように取り組むことが必要です。

例えば、役所が使用するような固い表現は避けて、平易な表現を心がけて書くことも大切なポイントとも言えます。

見せ方ポイント②／字だけでなく図などを多用する

何の変哲もない文章が書かれていた場合、人は読む気を失せてしまいがちです。

人は適度に図や表などが入ったものを好みます。補助金審査はロボットがしているのではなく、あくまでも人間がしています。審査員が読みやすい書き方は何か？　常に審査員目線で事業計画を組み立てることが採択率を上げるポイントの1つと言えます。

見せ方ポイント③／数値などの根拠を示す

どんなに立派な事業計画も、「絵に描いた餅」では意味がありません。

補助金制度は、国の財源である税金を活用してもらい、事業をより拡大してほしいという思いが詰まった素晴らしい制度です。

補助金申請において大切なのは「実現可能性」です。補助金活用による効果を具体的な数値などで表現して記載することが非常に大切です。

【よい例】
- 売上前年対比○％
- 月の売上○○円アップ
- 粗利○％向上
- 顧客単価○○円から○○円へアップ

【悪い例】
- 売上が上がります（根拠に乏しい）。

・今までの年間売上５００万円が、年間1億円に1年後になります（実現可能性が薄い）。
・地域で№１になれます（なぜＮＯ１なのかの理由を書いていない）。

10　補助金が不採択だったとき

補助金は残酷です

例年の各補助金の採択率は約50％前後です。つまり、２人に１人は不採択という結果を突きつけられている計算になります。あんなにも事業計画を練って、あんなにも事業計画を作成してかけた時間が水の泡ともいえる残酷な制度なのです。ただし、残酷な制度とは言っても、一縷の望みともいえることがあります。

それは、「毎年応募できる補助金も存在する」ということです。

国の３大補助金である「ものづくり補助金」「ＩＴ導入補助金」「小規模事業者持続化補助金」は内容が違うにせよ、毎年募集があります。

募集とはつまり「税金が充てられる」ということです。補助金は日本の課題を解決するために活用する制度です。この３大補助金の課題は1年や2年で解決できるようなものではなく、常に発生するものです。そのため、毎年継続されて募集されるということなんです。

つまり、今回がだめでも次回がある。「リベンジ可能な補助金制度」なのです。

補助金が不採択の際にとるべき行動

「補助金不採択だった！　もういいや！」と諦めていませんか？

まだ諦めるには早いです。前述したとおり毎年募集される補助金もありますし、その年に特別に出される補助金なんかもあります。

ここでは、補助金不採択後に取るべき行動について解説いたします。

取るべき行動その１／不採択の原因を検証する

当然ですが、不採択には理由があります。ただし、不採択だった本質的な理由というのは実は申請する側は基本的にわかりません。ですが、不採択だと考えられる要因を洗い出すことは可能です。

「要件は満たしていたのか？」「事業計画で不十分な箇所はないか？」など、まずは不採択だった申請書類を見直して、不採択原因を洗い出してください。

【図表９　不採択原因チェックポイント】

□本当に補助金の対象だったか？
□申請内容に不備がなかったか？
□市場動向が事業内容に合致していたか？（的外れな市場動向ではないか？）

□きちんとした数値根拠を示していたか？
□補助金交付額以上の効果が見込まれたか？（投資効果があるか？）
□実現可能性があったか？

取るべき行動その２／次のアクションを検討する

次のアクションとは、「次の補助金申請での申請検討」という意味です。

補助金は1回で終わるものもあれば、毎年募集するものまで様々です。

ご自身が申請した補助金は次もあるのかどうかを確認して、応募を検討してください。

補助金は例年春先に新しい公募が開始されます。そのタイミングを逆算して、新しい補助金募集に向けて、スケジューリングを組み立ててください。

補助金は早い応募のほうが、採択率高めの傾向が毎年出ています。不採択ということは悪いことばかりではなく、事前準備の手間を省くことができます。以前作成した申請書をブラッシュアップして、活用できることもあるため、他の応募者に比べて効率よく行動できるはずだからです。

取るべき行動その３／次は専門家への依頼を考える

この行動は、自分で補助金申請をした方のみご覧ください。専門家に依頼したけれども不採択だった方は、「取るべき行動その４」にお進みください。

自分で申請することは、費用面ではとてもメリットがあります。しかし、質の高い事業計画書が書けない可能性があることや、単純な申請要件確認不足など不採択になった理由に気づきにくい可能性があります。実はちょっとした不備で不採択になっていたこともあり得ます。もしもご自身で申請をしてだめだった場合は、思い切って補助金申請の専門家である行政書士等にご相談ください。

筆者も「自分で申請したらだめだった！」という問い合わせはよく受けます。専門家に依頼するメリットの代表的なものは次の通りです。

補助金をどうしても獲得したい思いがあれば、「専門家に依頼する費用」と「今後の補助金を受け取って、事業を拡大することによる投資対効果」と比較して検討していただければと思います。

〈専門家へ依頼するメリット一例〉

・費用がかかる分、きめ細やかな補助金の情報提供が期待できる
・より質の高い補助金申請書類を作成してくれる
・不採択後のアクションも素早く対応してくれる
・補助金以外の資金調達手段まで相談に乗ってくれる場合もある

取るべき行動その４／今度は別の専門家への依頼を検討する

補助金申請の専門家に依頼したとしても、１００％採択されるとは限りません。補助金申請の専

門家の代表格と言えば、私たち行政書士のような「士業」になります。ですが、補助金業務を行っていないという方もまだまだたくさんいらっしゃいます。

ここでは、補助金申請を頼むべきいい士業の見分け方チェックポイントを、図表10に挙げておきます。ここに挙げたポイントに1つでも合致しない場合は、他の専門家への変更も検討してもいいかもしれません。あくまでも1つの指標としてご参考にしてください。

【図表10　いい専門家の見分け方チェックポイント】

- □相談料無料（有料でもいい専門家はいます）。
- □価格をきちんと説明してくれる。
- □相談時にできないなどといったネガティブな発言をしない。
- □あなたの話をきちんと聞いてくれる。
- □身だしなみがきちんとして、横柄な態度を取っていない。
- □不採択のケースについても知っている。
- □採択されたポイントも知っている。
- □不採択時に自社の立場になって、親身に新たな提案をしてくれる。

11　補助金でトラブルに遭わないために

補助金トラブルに遭う決定的な行動

補助金は国などからお金がもらえる嬉しい制度です。ですが、申請したすべての会社がもらえるものではなく、当然ながら審査があります。

ご自身で申請しても、専門家に依頼して申請しても、採択率の違いがあるにせよ、不採択（不合格）はあり得ます。不採択は残念ですし、憤りを感じてしまいがちです。

しかも専門家にお金を支払って申請していたら、なおさらその気持ちは高ぶってしまいがちです。不採択とわかっていても「なぜ落ちた？」と専門家を攻めたくなる気持ちが生まれてしまうのも事実としてあります。

ですが、実はあなたの行動がいわゆる補助金不採択トラブルを生み出している可能性もあります。

ここで紹介する行動に1つでも当てはまった場合は、いったん自分の補助金申請を見つめなおして、トラブルにならないようにうまく回避してください。

補助金トラブル行動その１「丸投げ」

専門家に依頼しているのだから、「丸投げしたい！」という声は読んでいる方からも聞こえてくるようです。ですが、これは絶対にやめてください。

補助金はあくまでも「あなたが申請するもの」です。

専門家は、あなたの補助金申請をサポートする立場にすぎません。すべて丸投げしたからと言って、あなたの会社のすべてを知り尽くしているわけではありません。それは現実的に無理です。あなたの会社を知り尽くしているのは、社長であるあなた自身以外にいません。

ですから、専門家に依頼する際にも、「今回の補助金で成し遂げたいことは何か？」「補助金で補助してほしい経費は何か？」など、とことん補助金申請に向き合ってください。そうすることで、仮に補助金申請が不採択だった場合にも、次回の応募に活かせます。場合によっては、そのまま若干のブラッシュアップ作業だけで、再申請も簡単にできるかもしれません。

しかも、補助金申請の事業計画は、あなたの会社を見つめ直すいいきっかけにもなります。

補助金申請だけが資金調達手段ではなく、融資やクラウドファンディングなどその他の資金調達を活用する際にも、補助金申請でつくり上げた事業計画を活用することも可能です。

「丸投げ厳禁！」これは肝に銘じてください。

補助金トラブル行動その２「ただお金が欲しい欲望だけで申請」

補助金は申請書を何枚か書いて申請すれば、お金がもらえるような簡単な制度だと勘違いしてしまっている方も一定数いらっしゃいます。

補助金申請において、とにかく大事なのは、「実現性のある事業計画」です。

あくまでも計画だからと言って、依頼した専門家にこんなこと言ってませんか？

「事業計画ちょっと書いといて」

「○○先生が計画考えてよ」

これらの発言は補助金申請においてNGだということをよくご理解ください。前述したとおり、会社を一番知っているのは社長であるあなた自身です。

今後も何年何十年と事業を継続していこうという気持ちのある方が、他人に事業計画を任せてしまって果たしていいのでしょうか？　よくないと誰しも思います。

「会社の今後をどうするか？」というような大きな決断を専門家に任せている会社の事業計画は薄いことがほとんどです。筆者も、このような事業者の方のご相談を受けたことも沢山あります。

×もらえるものだから申請する。
○実現したい目標があってたまたま補助金があるから申請する。
このような思いが先行している会社の事業計画はしっかりしています。事業計画ありきの補助金申請は、トラブルを回避するポイントと言えます。

補助金申請で損しないために

補助金申請は公募要領を読み込んだり、事業計画を書いたりやることがたくさんあります。ですが、自分で頑張って申請しようという方もたくさんいらっしゃいます。自分で申請すれば、補助金申請にお金はかかりません。つまり、申請の際に「損」していないとも言えます。ですが、考えてみてください。自分で申請するのって時間も労力もかかりませんでしたか？

経営者の方の本業は「経営」です。

ここで補助金申請に費やした時間などを換算してみてください。

5時間ですか？　10時間ですか？　はたまた1週間ですか？

この補助金申請に費やした時間で、あなたが経営に向き合う時間として確保できたら、その時間でどのくらいの売上や利益を上げることができますか？　それも考えてみてください。

ここでは、「専門家に必ず依頼しなさい」ということを言っているのではありません。会社にとって、社長であるあなたにとって時間はとても大事ですし「有限」なものです。

「何に投資するか？」

この視点は経営者のあなたならわかるはずです。一度そのことを考えて、補助金申請に取り組んでみてください。

また、損するという意味で言いますと、補助金申請の虚偽も結果的にあなたの会社の損を生み出す要因になり得ます。

各補助金の募集要項には、「必ず補助金の不正受給をしないように」という注意喚起の文章が書かれています。これは裏を返すと、過去にも不正受給が発生しているという証拠とも言えます。取り組みもしない事業計画を書いて、補助金をもらって嘘の実績報告をして、補助金を受け取る悪質な会社も存在します。

補助金の不正受給にはこんなデメリットが存在します。

・受け取った補助金の返還命令。
・返還する補助金に加算金が加えられる。
・悪質な場合は逮捕され懲役刑を課される可能性がある（いわゆる詐欺罪です）。

お読みいただいている皆様は決して悪質な不正行為はしないということは信じて止まないですが、もらえるお金だからといった軽い気持ちで補助金申請をすることがないように、気をつけてください。

補助金制度は、儲かる会社が1社でも増えて、国への納税が増え、日本経済がいい方向に向かっていく後押しをすることを目的としています。

税金を支払いたくないと思う社長さんもたくさんいらっしゃるかもしれませんが、税金を支払わない会社が増えれば増えるほど、補助金制度の存続が危ぶまれる事態になりかねません。

補助金は何度もお話をしていますが、その財源は「税金」です。

あなたの会社の税金がどこかの会社の事業拡大を後押しして、結果として納税してもらえるような黒字の会社が増えていく。そのような好循環をもたらしてくれる存在が、「補助金」であるとも言えます。

12　補助金で様々な法改正での悩みを解決する

様々な法改正での悩みは補助金が力になってくれるはず

毎年中小企業者等の方々は、様々な国などの法改正に対応しなければいけないため、かなり頭を悩ませているのではないでしょうか？

補助金は国などからお金がもらえる嬉しい制度です。補助金はそのような中小企業者等の法改正による頭を悩ませるような対応にも支援をしてくれます。

かなりのお金がかかることも多いですから、支援をしてもらえるかもらえないかだけで雲泥の差があると言っても過言ではありません。補助金制度はとてもありがたい制度であると言えます。

最近は、新型コロナウイルス感染症の拡大、インボイス制度の導入、電子帳簿等保存への対応、物価高騰、賃金引上げ等多くの課題や悩みの種があり、何から手を付けていいの？　と思われているのではないでしょうか？

ここでは、補助金でその課題や悩みを解決できる代表的な法改正に関わるものを紹介します。

補助金で解決できる法改正その１／「電子帳簿保存法」

補助金で解決できる法改正としてまず挙げられるのは「電子帳簿保存法」です。この法律は、国税関係書類等のスキャンデータなどの保存に関するルールをまとめた法律です。

１９９８年に誕生した電子帳簿保存法は度重なる改正が行われ、２０２２年には大きい改正も行われました。その改正の中には、電子保存義務化の規定もでき、今後、紙でしか保存をしていなかった事業者にとってはかなり頭を悩ませることにもなります。

このような中小企業者等の頭を悩ませる電子帳簿保存法ですが、法律に対応した経費（ソフトウェア等）も補助金はしっかりと対象にしてくれています。

代表的な補助金は、「ＩＴ導入補助金」です。ＩＴ導入補助金はいわゆるＩＴツールと言わるＩＴ関連経費を導入して社内の業務効率化を図ることを目的とした補助金です。この補助金でも電子帳簿保存法に対応する経理ソフトや請求書作成・受取ソフトなど様々なＩＴツールが補助金の対象となる経費として挙げられています。

しかも、システムやソフトウェアだけではなく、ＰＯＳレジや券売機などといったいわゆるハードウェアも対象にできる申請枠（デジタル化基盤導入枠）もでき、ますます電子帳簿保存法に対応する際の助けになっています。

補助金で対応できる法改正その２／「インボイス制度」

補助金で解決できる法改正として次に挙げられるのは「インボイス制度」です。インボイス制度とは消費税に関する取扱いルールをまとめた法律です。今までの消費税のルールを一部見直し、適格請求書発行事業者として登録した会社や個人事業者だけがそのルールを使えるように変更する制度です。

適格請求書発行事業者になれるのは消費税を納める会社や個人事業者（課税事業者）ですから、消費税を納めない会社や個人事業者（免税事業者）は今後段階的に今までの消費税を納めるルールを使うことができなくなります。使えなくなるということは、つまりこの「適格請求書発行事業者」にならなければいけないことになり、今まで消費税を納めていない会社や個人事業者は今後消費税を納めなければいけなくなることを意味します。

新たなルールが導入された消費税の対応をする中小企業者等は新制度に対応する経費などを使わなければいけません。例えば会計ソフト１つとっても今までのソフトでは新制度に対応していないことも多く、入れ替えるだけでかなりの経費がかかることもあり得ます。また、今までお店で使っていたレジなども新制度に対応したものに入れ替えなければいけないこともあり負担が増えることが考えられます。

そんな負担増を目の前にした中小企業者等に手を差し伸べてくれるのがまさに補助金です。例えば、ＩＴ導入補助金では会計ソフトの入れ替えやレジの入れ替え等ソフト・ハード両面から支援をしてくれる申請枠（デジタル化基盤導入枠）があります。また小規模事業者持続化補助金という小規模事業者と呼ばれる会社や個人事業者を支援する補助金では、「インボイス特例」というものができ、インボイス制度への対応で一律補助金額がアップする特典もできています。

インボイス制度への対応で頭を悩ませている会社や個人事業者の方にはかなりの助け舟になる補助金制度がいくつもありますので、ぜひこの機会に活用を検討してみてください。

様々な法改正への対応方法は専門家へ相談しましょう

ここまで補助金で対応可能な法改正について解説しましたが、法改正は様々な複雑な要素が絡んでいることがあります。自分で情報をつかんで理解して対応することももちろん大事なことではありますが、法改正など難しい問題は積極的に士業などの専門家を頼ることをおすすめします。

みなさんの身近な士業と言えば顧問「税理士」さんだと思いますが、法改正などにも強い先生も多く、頼るべき専門家の一人と言えます。

また、次に頼れるのは私たちのような補助金申請を得意とする士業です。補助金申請は毎年様々な法改正と関連して、制度が大きく変更になることは珍しいことではありません。私たちのような補助金申請の専門家は、毎年変更される補助金の制度と合わせて周辺知識である法改正にもきちんと対応しています。

ぜひ自分だけで考えるのではなく、一度身近な専門家に相談されてみてはいかがでしょうか？きっと力になってくれるはずです。

※記載した法改正などの情報は、日々変更されることもありますので、常に国や自治体のホームページなどを確認いただき、ご不明点は専門家などに相談ください。

第2章　補助金の探し方

1　補助金は情報戦

予算で終了、早い者勝ち

「情報を制する者は、補助金を制す」という言葉のとおり、補助金は最新情報をつかむことが何よりも大事です。補助金の募集内容はひんぱんに変更になることもあり、いかに最新の情報にふれられるかというのは補助金を受け取るためのセオリーとも言えます。

補助金の財源は「税金」です。

毎年春先になると、補助金に充てる税金の金額が決まり、国会で予算が可決されて補助金の制度がスタートしていくというのが一般的な流れとなります。税金は無限にあるものでは当然ないですので、補助金に充てられるお金にも限りがあります。

補助金は応募の締め切りを複数回設けられることがあります。たくさんの事業者さんに応募をしてもらえるようにという意味もあります。

補助金は応募の締め切り後採択（合格）発表がされて、合格者に補助金が確保される仕組みを取っています。

つまり、先に来る応募を締め切りまでに応募をした方が、限りある「税金」でもある補助金を確保することが比較的容易だと言えるわけです。

【図表11　小規模持続化補助金の採択率】

		公募開始	補助上限額	補助率	公募終了	採択結果	応募件数	採択件数	採択率
一般型	1	3/10	50万円（100万円）	2/3	3/31	5/22	8,044	7,308	90.9%
	2				6/5	8/7	19,154	12,478	65.1%
	3				10/2	R3/1/22	13,642	7,040	**51.6%**
	4				2/5	未定			
コロナ型	1	5/1	100万円（150万円）	2/3 or 3/4	5/15	5/29	6,744	5,503	81.6%
	2				6/5	7/22	24,380	19,833	81.3%
	3				8/7	10/30	37,302	12,664	33.9%
	4				10/2	R3/2/5	52,529	15,421	**29.4%**
	5				12/10	未定			

図表11は、小規模事業者持続化補助金の採択率などをまとめたものです。2020年に新型コロナウイルスによって、普段の補助金にコロナ特別型なる制度が増えて、応募者が殺到しました。

当初の応募締切で採択された事業者は、およそ8割から9割。非常に通過しやすいことがわかります。この通過率なら、簡単だとほかの応募していない事業者がこぞって応募したせいもあって、2回目の応募締め切りは約8割の採択率。そして、3回目にいたっては、なんと4割弱まで採択率が落ち込む事態になりました。

つまり、この図表11から読み取れるのは、「早めの応募が正解」ということです。

しかも、補助金の詳細は、常にホームページなどで最新情報をキャッチする必要があります。準備するものも補助金によってまちまちですから、締め切りまでのスケジューリングは何を置いても肝心なことです。

新しい補助金情報の入手先

では、「補助金の情報はどのようなところでみんな入手しているの？」と疑問に思ったのではないでしょうか？

当然ながら自分で、ホームページなどで補助金といったキーワードを打ち込んで検索することも1つの方法でしょう。ただ、それでは時間がいくらあっても足りません。

そこで、常に新しい情報を網羅的に掲載してくれている代表的なホームページがあります。

「Ｊ―ＮＥＴ21」です。

https://j-net21.smrj.go.jp/index.html

このホームページは、「独立行政法人中小企業基盤整備機構」という団体が、補助金をはじめとした国や地方自治体の金融支援などを掲載しているページです。日々このホームページを見ることで、新しい補助金の情報を手に入れることができます。

ほかにも補助金などの情報を掲載した有益なホームページなども存在しますが、ここでは代表的かつ誰でも活用しやすいホームページをご案内しました。

補助金申請のカギは「新鮮な情報の収集」です。様々な情報ツールをうまく活用することも補助金獲得を有利に進める方法の１つと言えます。

募集期間がたった数週間の場合もある

補助金の応募を沢山の事業者さんにしてもらえるように応募できる期間を広げている補助金がある反面、たった数週間で締め切りがきてしまうようなとにかくスピード応募重視の補助金も存在します。

例えば、創業時の事業者が活用できる「創業補助金」は応募期間が１か月程度と短く、情報をその都度拾っていかないと応募期間が終わっていたということになりかねません。

国の補助金ではありませんが、東京都の中小企業振興公社で出している「創業助成金」は、申請期間が「たった1週間」とハイスピードで申請準備をして申請を完了しなければいけない制度です。

このように各補助金制度などにより申請期間はまちまちです。常に応募しようとする補助金の締め切りがいつなのかを把握して、申請書類作成に取りかからなければいけません。申請前に取得しておかなければいけないような取得に時間のかかる書類もあります。

補助金申請では、決められた書類を提出するというのも当たり前と言えば当たり前ですが、審査項目となっています。審査項目として改めて募集要項で挙げている理由として、それだけ不備の応募が多いことを示しているとも言えます。

書類不備なので追加してくださいなどの親切心は存在しませんので、「自分の申請は自分で管理する」。このことも非常に大事なポイントといえます。

2　自分に合った補助金の調べ方

自分に合った補助金はここで探せ！

「補助金は情報を早くつかむことが、採択率を上げることにも繋がる」と言っても、過言ではありません。

「情報を制する者は、補助金を制す」

この言葉は言い過ぎではなく、補助金申請にはぴったりの言葉だと思います。

【図表 12　ミラサポ PLUS の画面】

ここでは情報を制するために、最新の補助金情報を探すのにぴったりな補助金情報を掲載したホームページを紹介します。

おすすめホームページその１／ミラサポＰＬＵＳ

このホームページは、国の「中小企業庁」が運営する中小企業向けの補助金・総合支援サイトです。わかりにくい沢山の中小企業支援制度を「知ってもらう」「使ってもらう」ことを目指して、使いやすい検索機能や補助金の申請方法を案内してくれています（図表12）。

会員機能があり、自分が使いやすいようにカスタマイズできます。

●ミラサポＰＬＵＳおすすめポイント

・わかりにくい国の支援制度を網羅。
・会員登録すると、自分仕様に情報がカスタマイズできる。
・補助金申請と連携できる機能がついている。
・経営分析や現状分析ができる。

【図表13　J-Net21の画面】

中小企業経営者の課題解決をサポートする最新の支援情報や事例をお届けします。
J-Net21とは
メニュー
J-Net 21
経営課題を解決する羅針盤
トピックス
注目テーマの特集や最新の取組み事例をご紹介します。
中小企業NEWS
最新の補助金情報や支援情報をお届けします。
コロナ禍は社会貢献のチャンス、社員と信頼関係醸成で［株式会社生活の木（東京都渋谷区）代表取締役社長CEO・重永忠氏］
資金繰り改善
補助金や助成金は課税対象になりますか？
ビジネスQ&A
NEWS
2021年1月29日
サービス業11.7ポイント悪化：日商の1月調査
2021年1月29日
飲食店にアクリル板無償配布：長野県
2021年1月29日
アクリル板・加湿器など貸出：神奈川県
緊急事態宣言
特設ページ

おすすめホームページその2／J-Net21

このホームページは、独立行政法人中小企業基盤整備機構が運営する、中小企業とその創業予定者などに様々な国や自治体などの支援情報を提供するポータルサイトです（図表13）。

経営課題ごとに知りたい情報を探すことができます。

●J-Net21おすすめポイント

・全国の中小企業向けの施策を毎日更新している。
・経営ノウハウを知ることができる。
・事例なども豊富で、再現性ある情報が手に入る。
・業種別に開業準備の手引書を300件以上掲載。

おすすめホームページその3／中小企業庁のホームページ

中小企業庁のホームページは、最新の中小企業支援を知るにはとてもいいホームページになります。

【図表14　中小企業庁のHP画面】

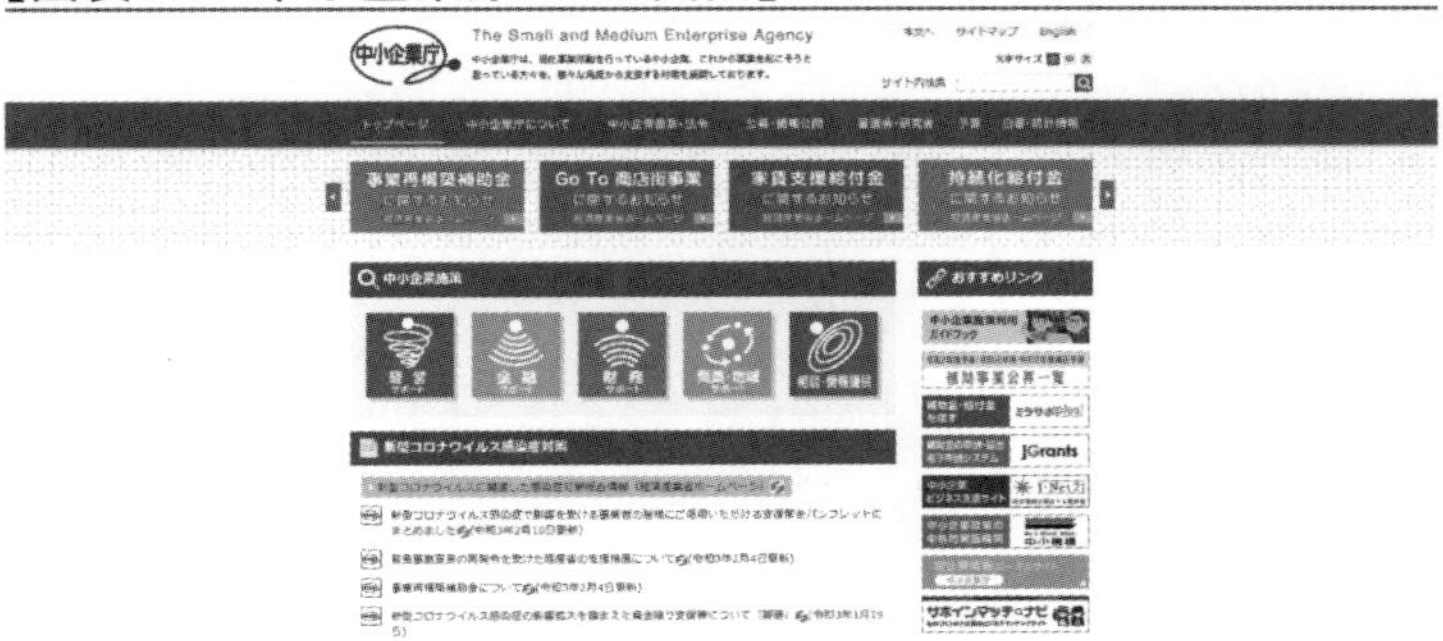

ミラサポPLUSやJ‐Net21のリンクも貼られており、補助金をはじめとした支援制度にすぐに辿りつくことができます。最新の新型コロナウイルス感染症対策なども知ることが可能です（図表14）。

まずはこのホームページから見ても損はないホームページと言えるでしょう。

●中小企業庁のホームページおすすめポイント

・なんといっても国の機関。国の支援制度を完全網羅。
・他のサイトへのリンクも充実。
・最新の新型コロナウイルス感染症対策も合わせて知ることが可能。

おすすめホームページその4／独立行政法人中小基盤整備機構のホームページ

このホームページは、独立行政法人中小基盤整備機構が運営しています。何と言っても、中小企業経営者や支援機関が活用できるツールが充実していることが、このホームページの特徴です。

そのツールは使いやすいものや情報が網羅されているものが多く、活用をぜひしてみてほしいものばかりです。

●情報提供ツール一例

・中小機構総合ハンドブック

中小機構が提供する支援制度（約種）のポイントを、電子ブック形式でまとめて掲載しています（図表15）。中小企業・支援機関の方が、中小機構の施策をお探しになる際の手引書です。

・ここからアプリ

業種ごとにあったお助けアプリを紹介してくれています。世の中にある便利なアプリを網羅しているので、簡単に自社にぴったりのものを探すことも可能です（図表16）。

導入事例もあり、自社に導入した際のイメージもわきやすい設計になっています。

・経営のヒント

経営課題を解決するためのヒントが盛りだくさんなツールです（図表17）。

3つの質問に答えるだけで直感的に経営課題を見つけてヒントをくれますので、使いやすくためになる情報が簡単に手に入ります。

経営に関する課題は、社長の頭の中だけ考えていては解決できないことも多くあります。そのきっかけづくりをしてくれるこのツールは、孤独な経営者を救ってくれるいいツールとも言えます。

【図表 15　中小機構総合ハンドブック】

【図表 16　ここからアプリ】

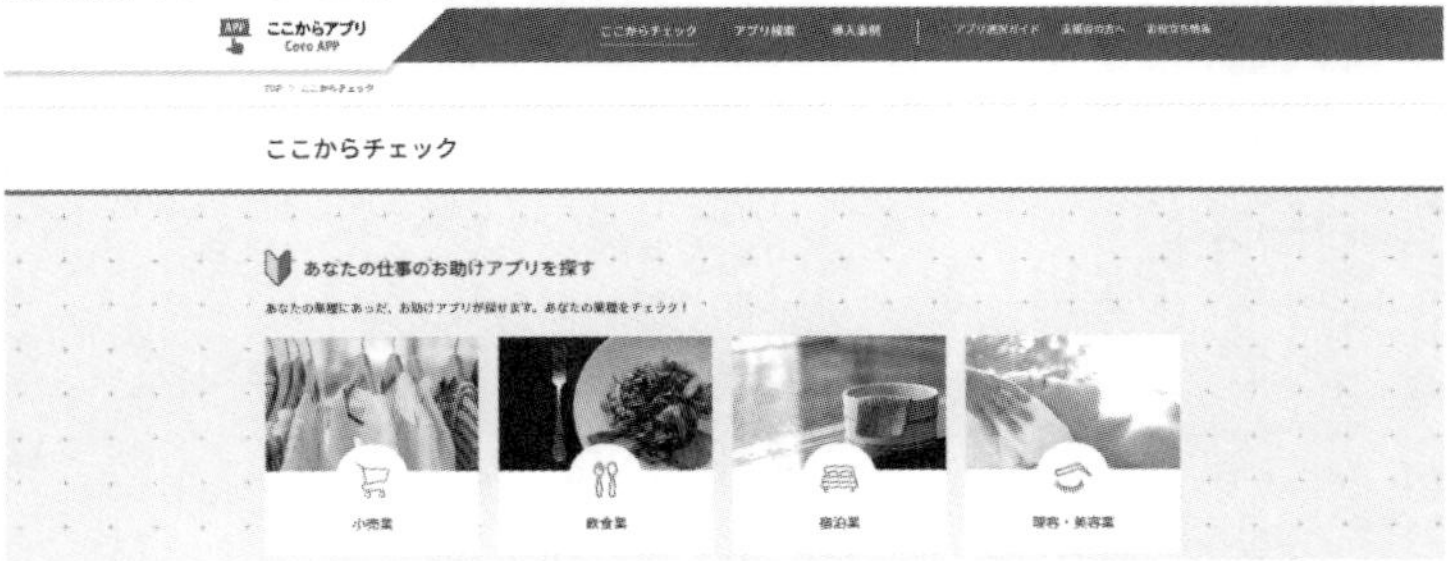

【図表 17　経営のヒント】

専門家に聞く

ここまで、最新の補助金の情報を知る手段はわかりましたが、やはりどうしても調べるのが面倒と思うのが人間です。

そんな場合は、より手っ取り早い方法があります。

「専門家に聞く」、それだけです。

専門家は専門家だと言われるとおり、補助金などの情報をよく知っています。補助金を専門家に聞いてしまえば、調べるという時間が必要ありませんので、かなりの時間短縮になります。

有料で相談を受けている専門家もいますが、無料で相談を受けてくれる人もいます。ただし、まだまだ補助金を専門にして活動している専門家は多くはありません。ですが、このような方などが周りにいれば、知り合いなどで補助金を専門にしている人に辿りつけるかもしれません。

【図表18　補助金の専門家】

・税理士（自身が補助金申請を受けている場合もあります）
・行政書士（許認可専門でも知り合いに補助金専門の行政書士がいるかもしれません）
・社会保険労務士（自身で補助金を受けてくれることもあります）
・その他の士業（士業は連携していることが多いため、知り合いがいるはずです）

・銀行や信用金庫（補助金の相談ができ、適切に専門家へ繋いでくれます）
・知り合いの経営者（補助金申請したことのある方もいるはずです）
・専門家を集めたホームページ（みんなの助成金などが有名です）

国以外の補助金の見つけ方

補助金と聞くと、国が出しているものと真っ先に思うかと思います。ですが、補助金を出しているのは国だけではないのです。実は「地方自治体」や「民間企業」も補助金を出しています。

●自治体の補助金

自治体に所在する中小企業や小規模事業者を国の制度と合わせて手厚く支援しようということで、自治体において独自に補助金を設けています。基本的に47都道府県すべてにおいて、何かしらの補助金が存在しています。

その中でも補助金大国と言われているのが、「東京都」です。東京都は、「公益財団法人　東京都中小企業振興公社」というところが主体となって、東京都の補助事業を推進しています。東京都は中小企業などの数は群を抜いて多いのはご承知のとおりかと思います。それは、裏を返すと納税も多いという証拠です。

補助金の財源は「税金」です。東京都の補助金制度が多いのは納得がいくはずです。応募している補助金も年間で30個以上と他の自治体に比べても多く、補助金大国だといわれるゆえんです。

ご自身の住んでいる都道府県ではどのような補助金があるのかは、まずは「自治体のホームページ」を参照いただくことが近道です。詳細は都道府県にお問い合わせください。

さらに、「市町村」でも補助金制度を設けているところもあります。ご自身の会社がある市町村でも活用できる補助金が見つかるかもしれません。

自治体で公募している補助金で注意すべきことは、国の補助金と同じ取り組みや内容では応募ができないことがほとんどです。国の補助金と自治体の補助金を同時に応募して、両方とも採択（合格）されても、同じ取り組み内容のため、両方受け取れなかったということにならないようにきちんと公募要領を読み込んで慎重に応募してください。

●民間の補助金

自治体だけではなく民間企業なども補助金を公募しています。そのような民間が出している補助金制度を集めたサイトが存在します。

図表19のサイトは、日本財団が運営しており、知る人ぞ知る補助金ポータルサイトです。民間主体により豊かな社会づくりに貢献することを目指すソーシャルプロジェクトとして開設されています。知る人ぞ知る補助金ポータルサイトということもあり、応募件数が少数のものもあり、採択率が高いものも存在します。いわば「穴場」とも言えます。

補助金の名称のとおり、小さい会社が売上を拡大するためにかかる経費を補助しようという補助

【図表 19　補助金ポータルサイト】

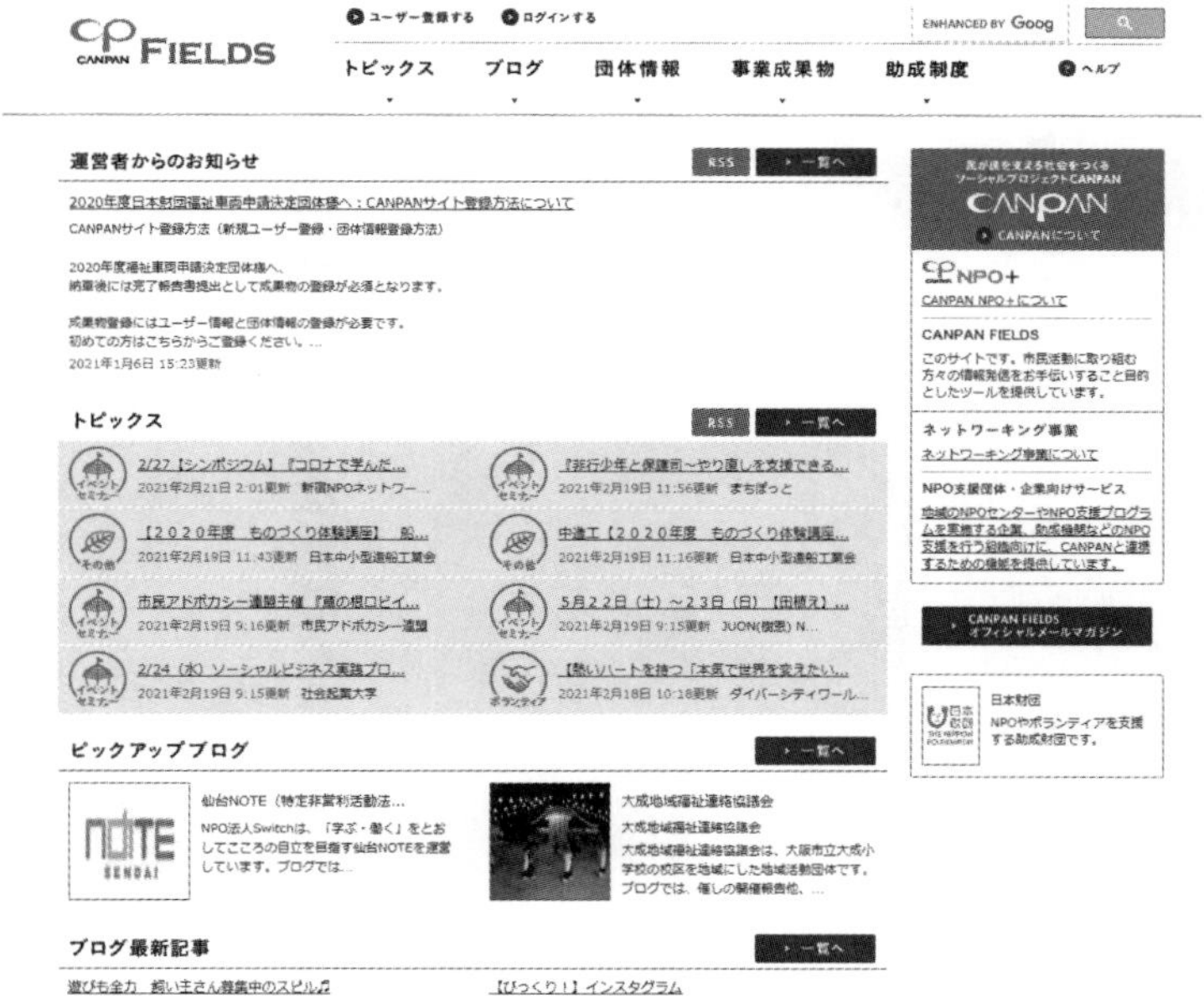

金ですので、対象ものづくり補助金やIT導入補助金と比べ、しぼられています。

小規模事業者持続化補助金の募集要項には補助対象にならない事業者も書かれており、医療関係の法人や個人事業者も対象から外れています。

3　補助金申請に必要な機能GビズIDとは

GビズIDとは

GビズIDとは、1つのID・パスワードで様々な行政サービスにログインできるアカウントサービスです。

各種補助金はもちろんのこと、社会保険、雇用保険など会社で必要になる様々な申請手続に対応をしています。今までは申請をするごとに会社や本人を証明する書類提出が必要でした。

しかし、紙の書類を準備して手続が煩雑でした。このGビズIDを活用することで、個別確認が不要になり、スムーズに申請手続ができるということが一番のメリットと言えます。

どうやって登録するの？

昨今は新型コロナウイルス感染症の感染拡大により、電子申請がよりフォーカスされました。GビズIDの登録は簡単にできます。GビズIDのホームページがありますので、そこから登録をするだけで無料登録が可能です。

　GビズIDのウェブサイト（https://gbiz-id.go.jp/top/）のトップページにはGビズIDを使い始めるにあたってのわかりやすい動画などがありますので、作成は難しいものではないでしょう。ただし、トップ画面には、「GビズIDプライム」と「GビズIDエントリー」という２つの登録ができるようになっています。この違いをご説明しましょう。

●GビズIDプライム

　GビズIDプライムには登録の際の申請書と合わせて、「印鑑証明書」や「代表者印」（個人の場合は実印）が必要です。登録には２週間前後かかってきます。

　GビズIDプライムは、申請できる手続の範囲が広く、今GビズIDを活用して申請できる行政手続すべてを使うことが可能です。しかし、登録には時間がかかりますので、申請手続には余裕を持ってください。

●GビズIDエントリー

　GビズIDエントリーは、WEB上で登録のみでアカウントが発行できます。GビズIDプライムの登録のように書類提出なども不要ですので、すぐに使用が可能です。しかし、使える行政サービスには限りがあり、「各種補助金申請」にはGビズIDエントリーでは使うことができません。

　今後も、補助金申請をしていくことを考えますと、初めから「GビズIDプライム」のアカウントを作成することをおすすめします。

何に活用できるの？

ＧビズＩＤを活用すれば、今まで紙で申請していた行政手続が電子で申請できることはわかりました。

「でも、どんな行政手続に使えるの？」と疑問に思われたかと思います。

どんな手続ができるのかをご紹介します。

●ＧビズＩＤでできる行政手続一例

ＧビズＩＤで電子申請できるサービスはいくつかありますが、ここでは代表的な申請手続についてご紹介いたします。

・ｊＧｒａｎｔｓ（ジェイグランツ）担当省庁：経済産業省

「補助金申請」をするためのシステムです。活用できる補助金を探すことから、申請手続、採択後の実績報告までワンストップでできるシステムになっています。

(https://www.jgrants-portal.go.jp/)

・社会保険手続の電子申請

インターネットを活用して、24時間社会保険手続の申請・届出ができるシステムです。

(https://www.nenkin.go.jp/denshibenri/index.html)

これからますます電子申請が一般化していく中で、今は限られた行政手続のみが電子申請できる状況ですが、今後のことを考え、早めに「ＧビズＩＤ」を取得しておいて損はないと思います。

４　補助金の申請書作成で活用できるＲＥＳＡＳとは

ＲＥＳＡＳとは

補助金申請において、経営計画の作成は非常に重要であることはお伝えしてきました。事業計画を作成するにあたって、自社の経営課題や自社を取り巻く環境など客観的に申請書を作成することが採択率をアップさせるポイントです。

実は、補助金の公募要領にはそのような申請書作成を助けてくれるツールを紹介してくれています。その名も「ＲＥＳＡＳ」（リーサス）です。平成27年４月から提供が開始されました。（参照ページ）https://resas.go.jp/#/13/13101

ＲＥＳＡＳ利用のメリット

地域経済に関する様々なビッグデータを地図やグラフでわかりやすく見せてくれるツールです。ビッグデータとは、簡単に言うと、今の日本の様々な産業の強みや人の流れなどをまとめた「日本を客観視」できるデータになります。

ＲＥＳＡＳを活用すると、次のようなメリットがあります。

このメリットをご覧いただければ、補助金申請にＲＥＳＡＳを最大限活用できるはずです。

●活用メリット①：その地域で強みのある産業を確認できる

あるる事業者がRESASのデータを活用することで、その地域で強い産業を探すことも可能です。そうすることで、最近であれば新たな業態転換にかかる経費を補助してくれる「事業再構築補助金」の申請書作成の際に、RESASのデータを引用して、より説得力のある質の高い申請書作成も可能です。

●活用メリット②：その地域における人口推移を年代別・国籍別などで確認できる

地域ごとに今までの人口推移だけでなく、将来的な人口推移もデータとして参照ができます。しかも人口推移も年代別や国籍別など細かく見ることが可能です。

そのため、将来その地域でどのくらいの外国人が増えていくのかなどを推計することで、インバウンド需要に備えた対応など将来的な事業計画づくりの参考になります。

RESASについて誤解していること

正直、このシステムの名前を初めて知ったという方がほとんどかと思います。ですが、このシステムをうまく活用すれば、採択率がアップする質の高い補助金の申請書が作成できます。

あまり知られていない「RESAS」。その中でも特に誤解をされていることがあります。その誤解についてここで解決をしておきましょう。そうすることで、今まで知らなかったRESASをより活用したいと思ってもらえるはずです。

・誤解１　ＲＥＳＡＳを使うのは自治体職員だけ
ＲＥＳＡＳは自分自身でグラフ作成が不要です。様々なデータがしかも無料で見ることができますので、補助金の申請書作成においても十分活用できるツールです。
・誤解２　ＲＥＳＡＳの活用事例が見つからない
ＲＥＳＡＳのサイトには、オンライン講座や活用事例も掲載されています。ここで、活用事例を挙げたいと思います。

活用方法Ｑ＆Ａ

Ｑ　従業員40名の介護事業者。このような民間事業者がＲＥＳＡＳを活用する方法はどんなものが考えられるか？

Ａ　ＲＥＳＡＳは人口推移などもグラフなどで見やすく参照できます。人口マップの将来人口推計機能を活用し、その地域の老年人口推移を事前に調べておくことで、将来的な介護市場規模を推計することができます。
そのデータを基にして新規事業所を開設することを検討したり、今ある事業所を統廃合することを検討したりして、必要人員数を推計することも可能です。

あまり知られていないけれど、使い方は簡単なＲＥＳＡＳ。このツールを活用することでより効率よく、より質の高い補助金の経営計画書をつくることが可能です。

ＲＥＳＡＳ以外で補助金申請で使えるツールとは

●使えるツールその１／経営計画つくるくん

このツールは、独立行政法人中小企業基盤整備機構が提供しているものです。

なんといっても、経営計画を30分で作成できるという魅力満載のツールと言えます。

機能として【経営計画書作成機能】があり、難しい経営計画書作成を支援してくれる画期的なツールです。

事業内容や経営状況などを整理しながら、自動的に経営計画書のベースを作成することができます。しかも、表示される選択肢を選ぶだけで簡単に操作もできます。

（参照ページ）https://tsukurukun.smrj.go.jp/

●使えるツールその２／業界動向サーチ

このサイトは、サイト名の通り、業界ごとの動向を確認することができるものになります。

業界ごとに一覧になっていて、探している業界の動向をすぐに確認することができ、補助金申請の際の市場動向を確認するにもってこいのサイトです。

（参照ページ）https://gyokai-search.com/

業界動向を天気図に見立てたり、視覚的にも見やすいサイトになっています。

第3章　小規模事業者持続化補助金

1　小規模事業者持続化補助金とは（内容・要件・流れ）

小規模事業者持続化補助金とは

小規模事業者持続化補助金とは、中小企業や個人事業主にとても使い勝手のいい補助金です。有名な補助金ですので、聞いたことがある社長さんも多いかもしれません。

小規模事業者持続化補助金とは、「今まで提供してきたサービスを新しい販路をつくってより売上を伸ばしたい」、「新規のお客様を獲得するための新しい商品やサービスをつくりたい」といった中小企業の販路開拓の取り組みをサポートしてくれる補助金です。

気になるのは「いくら補助してくれるのか？」だと思いますが、補助率は3分の2（原則）、補助額は50万円（原則）となります。

もっとも、年によっては特別枠等もあり、補助額がアップする場合もありますので、最新の公募要領をご確認ください。

小規模事業者持続化補助金の３つの条件

小規模事業者持続化補助金を活用するためには、次の「３つの条件」をクリアする必要があります。

【図表20　小規模事業者の条件】

業種	小規模事業者の条件
商業・サービス業	常時使用する従業員が5名以下
商業・サービス業のうち宿泊業、娯楽業	常時使用する従業員が20名以下
製造業その他の産業	常時使用する従業員が20名以下

条件1／補助金を申請する時点で、すでに創業していること

創業というのは次のことを意味します。

法人：「設立登記」をしている

個人：税務署に「開業届」を提出している

つまり、創業や設立予定では補助金を申請できません。

個人事業主の方はよく開業届を税務署に出していないことがありますが、どんなに起業して事業をしていたとしても開業届がない場合は、条件1を満たしませんので提出漏れのないように気をつけてください。

ただし、創業後1期でも確定申告を済ませている場合は、その確定申告書の写しで足りるため、あくまでも創業間もない方は注意が必要だということです。

条件2／小規模事業者であること

「小規模事業者持続化補助金」という名前なので、小規模事業者でなければいけません。では「小規模事業者とは何？」にお答えします。

小規模事業者は、図表20にある通り、従業員の数を基準として決められています。

基本的に小規模事業者持続化補助金の対象者は「20名以下の会社や個人事業主」を言います。しかも、「商業・サービス業では従業員が5名以下」と小さな会社や個人事業主を対象にしています。

例えば、正社員を10名雇っている飲食店経営事業者（サービス業）はここでいう小規模事業者には該当しませんので、小規模事業者持続化補助金の申請はできません。

ちなみに、ここで言う「従業員数の数え方」のざっくりとしたイメージとしては、社会保険に加入している方（通常、正社員）をカウントする形となります。法人の役員、個人事業主本人はカウントしません。ここは複雑な点なので、人数的に微妙なラインの場合は、必ず最新の公募要領を確認し、必要に応じて事務局にお問い合わせください。

条件3／商工会議所・商工会の支援を受けること

小規模事業者持続化補助金を申し込むためには、商工会議所や商工会の相談員に事前相談し（経営計画書等を持参）、所定の書式をもらっておく必要があります。

ちなみに、商工会議所は比較的大きい市区町村を担当していて、商工会は小さな市や町を担当しています。詳細はお近くの商工会議所や商工会におたずねください。

基本的に会社の「本店を管轄」する商工会議所や商工会が担当することになりますが、個人事業主の場合は「事業主の住所地を管轄」する所でも大丈夫です。

「うちの会社は商工会議所の会員じゃないけど利用できるの？」という疑問があるかもしれませ

んが、非会員の会社でも助言や印鑑は受けることができますので安心してください。

補助金入金までの流れ

本書を読んでいる方がもっとも気になるところとして、「補助金はいつもらえるの?」ということです。補助金申請から補助金入金までの簡単な流れはこのようになります。

①経営計画書・補助事業計画書の作成

商工会議所・商工会から作成指導を受けることができます。(作成指導は任意です。)

←

②商工会・商工会議所での要件確認及び経営計画書・補助事業計画書の確認

事業支援計画書(商工会・商工会議所作成書類)の作成依頼

←

③必要資料を揃え、期日までに補助金事務局まで申請書一式を提出(郵送か電子申請)

←

④審査

←

⑤採択(合格)・不採択(不合格)の決定

←

⑥採択（合格）決定後、計画書に沿った取り組みの実施
↓
⑦決められた期日までに取り組み実施報告書の提出
↓
⑧日本商工会議所による報告書の確認
↓
⑨補助金の請求
↓
⑩補助金の受領（入金）約2か月

よく見ていただくとわかりますが、補助金は採択（合格）されてもすぐには受け取れません。補助金は後払いです。つまり、自社で対象となる経費を立て替えてから、行政のチェックをクリアしてようやく入金されるものなのです。

補助金の入金時期は経費をいつ支払うかによっても違いますし、一概には言えませんが、⑨の補助金の請求から約2か月だと考えてください（申請からだと1年弱かかります）。

また、補助金は申請すれば必ずもらえるというものでもありません。申請書をしっかりと作成しなければ不採択（不合格）になります。採択（合格）しても取り組みが不十分だと補助金を受け取

ることができないケースも多々あります。
だからこそ、しっかりとした事前準備が非常に大事なのです。

2　小規模事業者持続化補助金の対象者（個人事業主・法人形態）

個人事業主でも申請は可能

「私は会社ではなく個人で事業をしているけど、小規模事業者持続化補助金は使えるの？」という問い合わせはたくさんあります。

結論から言いますと、個人事業主でも小規模事業者持続化補助金は使えます（ただし、医師・歯科医師・助産師等、例外的に対象外の方もいます）。

個人事業主でも医師・歯科医師・助産師は対象外

医療法人化していない医師、歯科医師は個人事業主に当たりますが、小規模事業者持続化補助金では対象外となっています。また、助産師も申請できません。

個人事業主の注意点

個人事業主の方には注意が必要な点があります。それは「開業届を提出しているかどうか」です。

個人事業主で創業しようという方の中には、税務署に開業届を提出せずに創業してしまっているケースがあります。

たしかに、開業届が未提出でも罰則がないため、提出をせず開業されている方は一定数います。しかしながら、申請時点で開業届を提出していないと、小規模事業者持続化補助金には申請できませんので注意が必要です。

法人は基本的に「会社」が対象

法人には様々な形態がありますが、基本的に補助金の対象となるのは「会社」となります。なお、会社の形態は問われませんので、株式会社をはじめ、合同会社、合資会社、合名会社、有限会社いずれでも問題なく、小規模事業者持続化補助金に申請できます。

法人格があっても申請できないもケースもある

小規模事業者持続化補助金の補助対象になるのは、中小企業といわれる法人と個人事業主の方になります。ですが、法人の形態によっては、申請できない場合もあるので注意が必要です。

特に気をつけなければいけないのは医療関係です。なぜなら、医師、歯科医師、助産師と同様に「医療法人」も対象外となるからです。

また、「社団法人」や「財団法人」も対象外となります。

その他にも「宗教法人」や「学校法人」、「農事組合法人」、「社会福祉法人」も対象外です。

なお、ＮＰＯ法人に関しては一定の要件のもと、対象となります。

その上で人数要件がある

小規模事業者持続化補助金に申請するためには、株式会社など一定の法人形態をとっていなければなりません。

その上でさらに「人数要件」があります。つまり、一定の従業員数以下でないと、申請資格がないということです。

具体的には、「従業員数が20名以下」でなければならず、商業・サービス業（宿泊業・娯楽業除く）に関しては、さらに「従業員が5名以下」でなければなりません（カウントする従業員は社会保険加入者をイメージしていただき、役員は含みません。詳細は最新の公募要領をご確認ください）。

こういった人数要件があるため、「小規模事業者持続化補助金を使ってホームページをつくりたいのだけど」というご相談をいただいても、「従業員数で引っかかって申請できない」というケースは多いです。

ちなみに、そういった場合は、同じような内容の補助金（ホームページがつくれる補助金）が都道府県でも実施されているケースがありますので、そちらをおすすめする場合もあります。ですので、人数要件にひっかかってしまった場合は、ご自身の所属する都道府県の補助金もチェックしてみるとよいでしょう。

その他にも要件が公募要領には掲載されています。ここで挙げた要件はどの会社も特に注意すべき代表的要件となります（その他要件の詳細は最新の公募要領で必ず確認をしてください）。

3　小規模事業者持続化補助金はいくらもらえるのか

もらえる補助金の金額とは（補助率等）

小規模事業者持続化補助金は20名以下の小規模事業者（商業・サービス業（宿泊業・娯楽業除く）は5名以下の小規模事業者）が対象となる、「小規模事業者の販路拡大」を目的とした補助金です。もらえる補助金の補助上限金額は「50万円」です。補助率は2／3になります。

小規模事業者を対象とする補助金ですので、他のものづくり補助金やＩＴ導入補助金に比べて補助される金額が少ない印象は受けます。

ですが、小規模事業者にとっての50万円という金額は貴重なものです。

例えば75万円分のチラシを制作する場合でも、補助金を活用すれば、50万円が補助されますので、製作費が25万円になります。これは、会社に残るお金が増えたということを意味します。

小規模事業者にとっても、現預金などの流動資産は貴重なものです。小規模事業者持続化補助金は小規模な事業者が販路拡大をしていきたいけれども、投資できるお金が無いためにその積極的な投資ができないことによる機会損失を防ぐために設けられている補助金です。

小規模事業者しか応募ができない小規模事業者持続化補助金を活用して、積極的に売上を拡大することが可能なありがたい補助金であると言えます。

場合によっては、補助される金額が上がります

小規模事業者持続化補助金によって、一般的に補助される金額は50万円ですが、一定の条件をクリアしたり、その年によって様々な条件の下で、補助金額がアップすることがあります。

２０２３年の小規模事業者持続化補助金（一般型）においては、条件によって補助金額が２００万円にアップする申請枠ができました。

働く従業員の賃金を一定程度アップさせることで補助金額が２００万円になる「賃金引上げ枠」、従業員を雇用し小規模事業者から卒業する事業者に補助金を２００万円にアップさせる「卒業枠」、自治体の一定の創業支援を受けることで補助金額が２００万円にアップする「創業枠」、将来的に事業承継を予定している小規模事業者が一定の要件を満たすことで補助金額が２００万円にアップする「後継者支援枠」と多くの申請枠があります。

しかも、最近のインボイス制度への対応の特例として、通常の補助金額にプラス50万円をしてくれる特例もでき、制度変更などへ対応することが困難な事業者を支援する内容に変更されています。

ただし、毎年条件などは変更されていますので、必ず公募要領を確認するようにしてください。

4　小規模事業者持続化補助金でインボイス制度導入による補助金額増額の特例誕生

小規模事業者持続化補助金でインボイス特例が誕生

小規模事業者持続化補助金は20名以下の小規模事業者（商業・サービス業（宿泊業・娯楽業除く）は5名以下の小規模事業者）が対象となる、「小規模事業者の販路拡大」を目的とした補助金です。もらえる補助金の補助上限金額は「50万円」です。補助率は2／3になります。また、年によっては、特例の申請枠が設けられ、補助金額がアップすることもあります。近年の小規模事業者持続化補助金では特例枠が4つもあり、一定の要件をクリアすると通常50万円の補助金が200万円にアップするうれしい申請枠も誕生しています。

しかも、2023年においては、特別枠だけでなく最近注目のインボイス制度に関する特例もでき、さらに小規模事業者を支援する制度として様変わりしています。

インボイス特例によりさらに補助金額がアップする

小規模事業者持続化補助金は、前述の通り補助金額が50万円もしくは特別枠だと200万円をもらえる制度です。補助金額がアップされるだけでもかなり支援が手厚い印象ですが、2023年の新制度においては、「インボイス特例」というものができました（図表22）。

インボイス特例についての条件は次の通りです。要件を満たす場合は、補助上限金額をさらに50万円もアップさせることも可能です。

【図表21　インボイス特例の要件】

> ２０２１年9月30日から２０２３年9月30日の属する課税期間で一度でも免税事業者であった又は免税事業者であることが見込まれる事業者のうち、適格請求書発行事業者の登録を受けた事業者であること。
>
> ※ただし、補助事業の終了時点でこの要件を満たさない場合は、交付決定後であっても、特例は適用されません。
>
> ※小規模事業者持続化補助金（一般型）において「インボイス枠」で採択されて補助事業を実施した（している）事業者は、インボイス特例の申請対象外となります。

毎年公募要領は時代の変化により変わっていく

小規模事業者持続化補助金という同じ名前の制度であっても、中身は毎年がらりと変更されることもたくさんあります。

【図表22　インボイス特例】

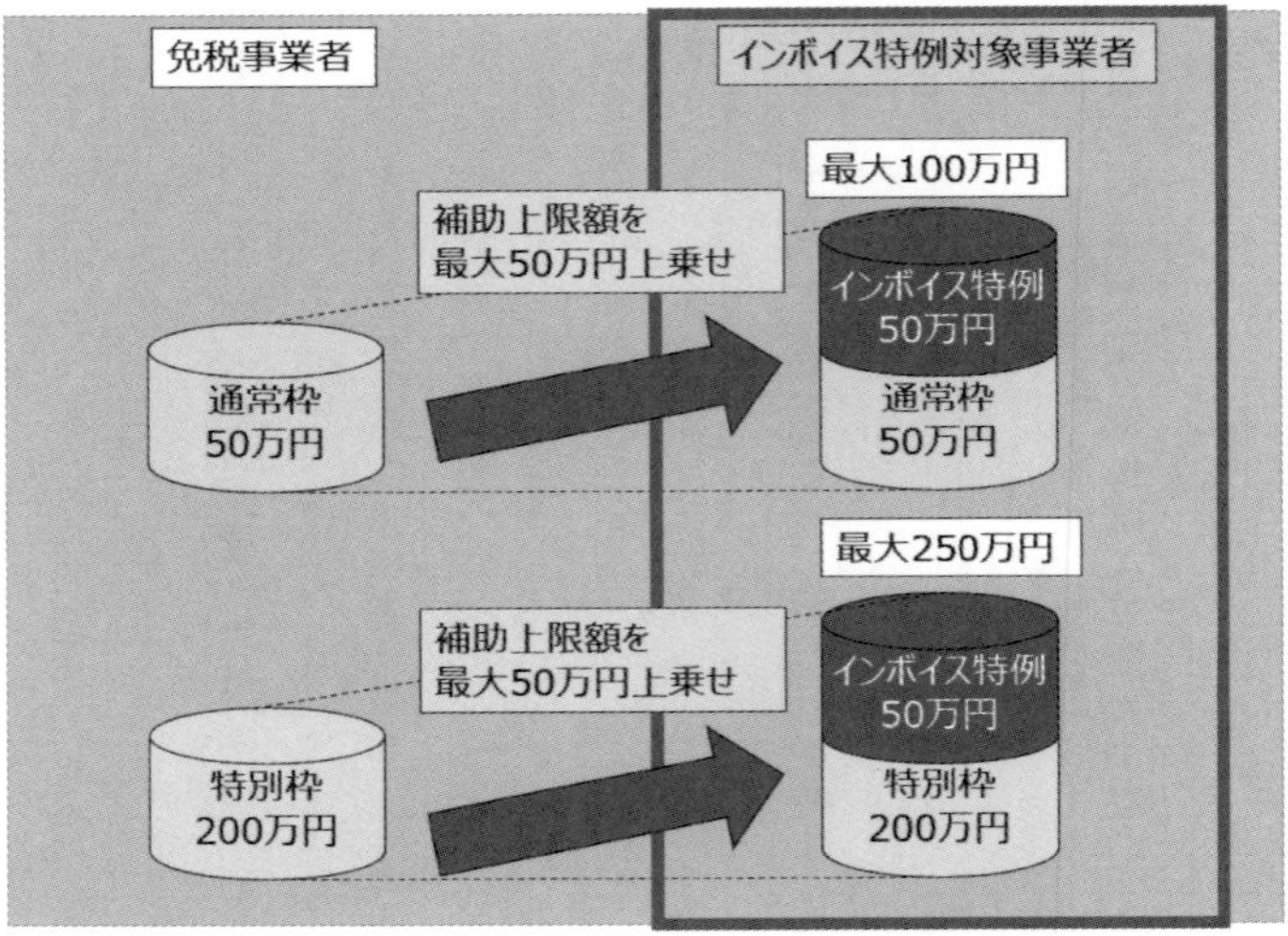

最近は基本の対象事業者などは変更されていませんが、対象経費の経費項目が新たにできたり（例：ウェブサイト関連費）、逆になくなったり（例：専門家謝金）、通常枠以外の特別な申請枠ができ補助金額がアップする年もあり、その時の時代の変化によって支援の幅も違います。

その際に頼りにできるものは「公募要領」になります。公募要領は補助金によっては100ページ近いものもあり、読み解くにはかなりの時間もかかりますが、補助金申請をする際には必ず公募要領を確認するようにしてください。

行政書士をはじめとする補助金申請の専門家はこの公募要領の読み方も把握しています。ご自身で難しいという場合は、専門家を頼るということも検討してみてください。

5　小規模事業者持続化補助金申請書作成のコツ

合格しやすい申請書作成のコツとは

「小規模事業者持続化補助金を申請しよう！」と思い立ったときに、まず難関と言えるのが、経営計画書（様式2）です。計画書によって補助金の採択（合格）が決まるといっても過言でないくらい、とても大切な書類になります

申請書に最低書くべき事項については、公募要領に書かれています。ですので、こちらでは採択率をアップするため書類作成のポイントについてみていきます。

作成ポイント①／公募の趣旨と合っているか

公募要領をしっかりと理解し、国が求めている内容で申請を行わないと審査には落ちてしまいます。ですので、公募要領を理解することが重要となります。

なお、現在の小規模事業者持続化補助金のホームページには使用する様式等は公開されていますが、どのような内容で書くのがいいのかといった記入例といったものはありません。

小規模事業者持続化補助金の趣旨は、「新たな販路拡大」です。例えば、「今まではアナログ営業しかしていなかったけど、ホームページを使ってネットでも売っていこう」といったように、「新しい取り組み」をしないと補助金審査には通りません。

そこで、こちらでは採択事例における「新たな取り組み」についてご紹介します。

●事例1：イタリアンレストラン

【現状の課題】

店舗運営のみのパスタや肉料理が好評のイタリアンレストラン。しかし、昨今のコロナの影響や単独店舗での商圏の小ささのため、売上が中々上がっていかない。

【解決策】

テイクアウト専用のWEBページを構築することを決意。テイクアウトは商品数が多すぎると、単独店舗では販売数を多くさばくことができない。そのデメリットを「毎月1品特化」のテイクアウトWEBページにすることで、マンパワー不足の課題を解決し、多くの販売数を確保が可能であるとする計画をつくった。

●事例2：不動産会社

【現状の課題】

不動産仲介をメインに展開している都内の不動産会社。しかも外国人をメインに日本でのお部屋探しをサポートしていたが、コロナの影響で入国する外国人が激減。しかも、都内という立地での不動産仲介業の競合他社との差別化をさらに図る必要があった。

【解決策】

オンラインで内覧から、宅地建物取引士による重要事項説明までを完結できる、オンラインをフル活用したお部屋探しホームページの作成を決意。オンラインミーティングツールの「ｚｏｏｍ」を生かし、お客様が部屋にいながら内覧できる仕組みを実現する計画をつくった。

作成ポイント②／見やすく、わかりやすく書く！

当たり前だと思うかもしれませんが、「見やすく」、「わかりやすく」書くことはとても重要です。見やすくするために、「画像」や「表」、「グラフ」等を使いながら書いていきましょう。

売上の推移や、今後の売上見込みを説明するときは、文章のみで説明するよりも表やグラフを入れたほうが格段にわかりやすくなります。

作成の手間を惜しまず、理解してもらうことを重視して作成するようにしましょう。

また、文章で説明をする箇所も、大事な箇所にアンダーラインを引いたり、色を変えたりすることで、目につきやすく、わかりやすくする努力を心がけてください。

作成ポイント③／計画の実行性・具体性

見た目だけわかりやすい計画書にするだけでは当然だめです。内容の実効性・具体性があるかどうかにも注意しましょう。

「売上がこのように上がります」ということを審査員に納得してもらわないといけません。

計画はあくまでも計画ではあります。ただし、その計画は突拍子のないような数字を並べて書いた計画よりも、実現しそうだなと思わせるような数字を書いたほうが当然採択（合格）に近づく申請書ができあがるのです。

また、説明が矛盾していると、計画として薄いと思われてマイナスポイントになってしまいます。できあがった計画書を何度も見返して、「矛盾がないか？」「実行性がほんとうにあるのか？」といったところを検討してみましょう。

作成ポイント④／審査官の心に刺さるストーリーを意識した事業計画書作成

補助金が採択されている事業を見てみると、実は共通していることがあります。それは「心に刺さるストーリー」です。補助金は採択事例というのが紹介されていて、掲載されている事業者の取り組みを見ると、自分の会社を客観的に観察できているものばかりです。

自社の経営を客観視して「自社の現状」「市場の動向」「新たな取り組み内容」「新たな取り組みの投資効果」など、申請書を見ただけで新たな販路拡大の取り組みストーリーが浮かんでくるようなものは審査員の心に刺さります。

審査の際はポイントをチェックして、場合によっては10分程度で審査を終えるものもあります。その短い審査時間の中で「申請書でどれだけ熱いものを審査員に届けられるか？」ということもとても大事なポイントなんです。

逆にダメなパターンの申請書とは

今度は気になるダメパターンの申請書の特徴です。ダメパターンも理解することで、申請書を作成するときに参考になるはずです。

ダメパターン①／計画自体が薄い

計画自体が薄いというのは、補助金でお金がもらえるから申請するという方に多い傾向があります。そのような方は、「事業計画って何?」、「とりあえずもらえればいいから」といった発言をすることが多く、計画が薄いもしくは補助金制度を理解していないでする申請はすぐに審査ではじかれてしまいます。

ダメパターン②／実現可能性がない計画を書く

パターン1につながりますが、計画が薄いことだけでなく、突拍子のない計画もすぐに審査ではじかれてしまいます。

例えば売上が今まで年間５００万円しか売上がない事業者が、年間1億円の売上が上がるような計画をつくっても、実現可能性は感じられません。これは極端な例ではありますが、計画書に書く数字の根拠も現実的に説明できることが、とても重要となります。

ダメパターン③／図や表などが全くない

申請書のフォーマットは何の変哲もないワードファイルですので、ご自身で創意工夫して申請書を仕上げていく必要があります。ただ文章だけでまとめただけでは見にくくなってしまい、どこに審査の加点ポイントが書かれているのかが全くわかりません。図表などを活用してポイントをわかりやすく表現している申請書は採択（合格）率が格段に上がっています。

手間暇かけた申請書を作成して、より採択率を上げる努力をしていきましょう。

6　小規模事業者持続化補助金の採択事例

「小規模事業者持続化補助金を使いたいけど、採択（合格）したケースってどんなのがあるの？」という疑問も多いはずです。

たしかに、どのような事例であれば採択されるのかがわかれば、自分がしたいことと比べてどう違うのか、共通点はあるのか、といったことが比較できます。ここでは、日本商工会議所が公表している「採択された事業一覧」から、どのような事業が採択されているのかを見るとともに、具体的な事例についても取り上げていきます。

合格事例を見ることで自社の事業計画が練りやすくなる

図表23は、２０２１年1月22日に発表された小規模事業者持続化補助金〈一般型〉採択事例一覧のうち、東京で採択されたものからピックアップしたものです。毎年採択事例は小規模事業者持続化補助金のホームページに掲載されていますので、確認してみてください。

【図表23　合格事例】

●新マンション賃貸サービスのＰＲに向けたＨＰ制作を実施

●マルチデバイス対応ＥＣサイト作成と動画コンテンツで売上アップ
●ＺＯＯＭで翻訳相談のＰＲに向けた自社ＨＰ制作を実施
●新サービスメニュー「ビジネス動画制作」の開発で非対面ビジネスの支援
●オンラインのパーソナルトレーニングで楽しくボディメイク！
●ＳＮＳ広告を通じた店舗・オンラインストアへの集客力向上
●オリジナル事業の高画質な画像、動画による広告により新規顧客の拡大
●新規顧客開拓のための営業ツールとして、Ｗｅｂサイトの改築
●ホームページのＨＵＢ化とＣＭＳ導入によるＷｅｂ集客の効率化
●空調設備導入によるコロナ不安の払拭
●小学生に注目されているロボット教室の併設との相乗効果
●きものからＫＩＭＯＮＯへ！　ＫＩＭＯＮＯグッズの海外普及
●ＩＳＯを活用したサービスをＰＲするためのＨＰや動画の作成
●店舗再開及び新サービスのクラウドファンディングによる販路拡大
●健康食としての手づくりキムチの開発と顧客プラットフォームの形成
●新規顧客開拓に必要な専用Ｗｅｂサイトの開発及び運用
●外国人雇用を推進したい全国製造業向けＬＰ構築による販路開拓
●スタートアップ企業の財務健全化サポートＰＲ強化事業

●ＭＦクラウド会計・ＩＣＳ導入による販路開拓
●テイクアウトとオリジナル商品のオンライン販売による収益力強化

もちろんこれ以外にも沢山の採択事例があるのですが、図表23からわかるように、業種としては、飲食店から介護事業所、ゲストハウスや税理士事務所など、色々なところで利用されています。

しかし、分野としてはＥＣサイトやＷＥＢページの作成などのオンライン関連の事業が目立ちます。

では、今度はホームページによる販路拡大を目的とした事業で、具体的にどういった内容のものが採択をされたのかご紹介します。


先駆者に学ぶ！

補助金の申請において応募できる条件かどうかを見極めることはとても大切なことですが、それと同じくらい大事なことがあります。それは「先駆者の採択（合格）事例を見てみること」です。

●和菓子製造販売店の例

【課題】

大正2年創業の和洋菓子製造販売の老舗。創業時からの味を１００年来引き継ぐ看板商品があり、銘菓としても知名度が高い。しかし近年は贈答商品を扱う販売店数の増加や和菓子の種類の多様化により、売上の伸びが鈍っていた。

【解決策】

看板商品以外の既存商品のブランディングによる、収益体制の強化のために補助金を活用。幅広い年齢層に受け入れられるよう、親しみやすいパッケージに変更。それに伴い商品紹介のチラシも作成。

売上も着実に伸び、補助金の活用で製品リニューアルのコストが抑えられた。しかも、補助金の経営計画を作成したことで、社長自身や従業員の意識改革にもつながり経営に好循環な流れができた。

●仏具店の例

【課題】

創業30年の仏具卸売を行う会社で、修理事業に的を絞って事業を行っている。仏具の修理というマイナーなサービス展開でもあるため、特に新規顧客集客に課題があった。そのため、補助金活用以前からホームページやブログを立ち上げて修理業務のＰＲを活発に行い始めたところ、オンライン経由で受注につながるようになった。

【解決策】

数年後、新規取引先獲得を目的として「小規模事業者持続化補助金」を活用し、ホームページをリニューアルした。リニューアルに当たって、事業者向けと個人向けにページを分け、事業者向けには仏具の種類ごとの過去の修理実績、個人向けには仏具のお手入れ方法などのお役立ち情報を掲載。

ホームページによって修理業務受注体制を強化し、今後の卸売にも事業が派生することも見込んでおり事業運営に補助金が好循環をもたらしている。

●貸別荘運営会社の例

【課題】

郊外のリゾートエリアにある別荘地で、貸別荘を複数運営。いつも集客力が課題となっていた。天然温泉や研修室、バーベキュー場など、幅広い客層に対応可能な施設づくりに力を入れているため、その施設などを効果的にＰＲしていきたいと考えていた。

【解決策】

スマホやタブレットからの予約、顧客獲得を目的として、情報発信の強化を計画。これにより小規模事業者持続化補助金を使って、ホームページを全面リニューアル。スマホやタブレットからアクセスしやすい環境を整備し、宿泊客数の増加につながった。

●旅館の例

【課題】

世界的に有名な温泉地にある老舗旅館。温泉と料理が自慢の宿は、古くから多くの観光客に親しまれている。しかし、近年は業績が伸び悩み、平日の宿泊客数を増やすことが課題となっていた。

そこで解決策として考えたのが、外国人旅行者の取り込み。各部屋で使えるWi-Fiを整備。その後の取り組みとしてホームページをリニューアルし、英語のパンフレットもつくろうと考えていたが、多額の費用がかかるために解決策を考えていた。

【解決策】

解決策を考えていたところ、小規模事業者持続化補助金の存在を知り、補助金を活用し、ホームページをリニューアルすることを決意。ホームページの内容を充実させるとともに、海外からのお客様向けに英語でも閲覧できるようにした。

その結果、外国人観光客の取り込みに成功し、問題となっていた平日の稼働率が20％増加した。

7　小規模事業者持続化補助金　完了報告書（実績報告書）の書き方

合格後即入金ではない

小規模事業者持続化補助金に限らず、補助金の支給は事業を実際に行った後、完了報告書（実績報告書）という書類を提出して、最終の審査を経て行われることになります。つまり、採択（合格）後に再度審査が待ち受けているわけです。採択（合格）したから一安心ではないのが補助金の悩ましいところなのです。

では、「どうしたら補助金を受け取れるの？」と疑問を持つ方もいるでしょう。

これは実績報告書という書類を出さなければいけません。その実績報告書をしっかり作成して、確実に補助金を受け取るための方法をここではお話します。

実績報告書は提出期限に注意

まず書き方に入る前に、実績報告書の提出には期限がありますので注意してください。補助事業が完了したら、その日から30日もしくは、定められている最終提出期限のどちらか早いほうに事務局必着で提出をしなければなりません。

提出期限を守れずに補助金の支給を受けられないことになれば、泣いても泣ききれません。スケジュール管理はしっかりと行うようにしましょう。

しっかり書かないともらえないかも？

「実績報告書っていっても、所定の様式にさらさらっと書くだけでしょ？」とお思いの方、いえいえそんなことはありません。

「実績報告書の作成」という段階では、領収書などの整理も必要となってきますので、しっかりとその内容についても理解して、「かかる経費の支払いをしてから準備すればいいや！」ではなく事前に資料などを整理して、スムーズに報告書作成ができるようにしておきましょう。

実績報告書は証拠資料を添付する必要がある

実績報告書提出までの流れのイメージは、図表22のとおりです。

引用元：「平成30年度第2次補正予算　小規模事業者持続化補助金実績報告書のまとめ方コー

【図表24　実績報告書作成の流れ】

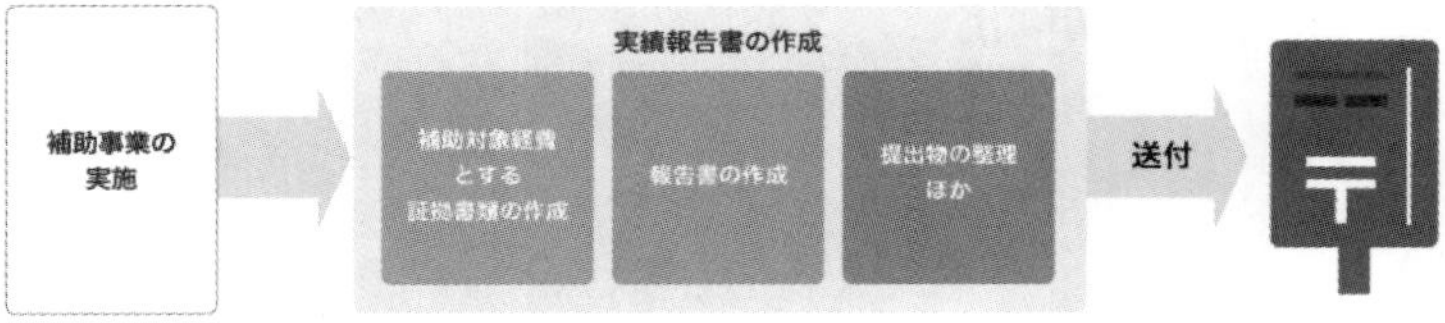

ナー」(https://h30.jizokukahojokin.info/30jisseki/)

図表24のように、実績報告書の作成段階には大きく3つのステップがあります。

(i) 補助対象経費とする証拠書類の作成
(ii) 報告書の作成
(iii) 提出物の整理　ほか

では、ここからは1つずつその内容を見ていきましょう。

補助対象経費とする証拠書類の作成

例えば、小規模事業者持続化補助金事業を利用して、販路拡大のためにホームページを作成したとしましょう。

その場合に必要となる証拠書類は次のようなものです。

・見積書
・発注書もしくは契約書
・請求書
・支払いの証明（振り込み記録など）
・完成したホームページの写真（ホームページを印刷したもの）

次に見るのは店舗の改装やバリアフリー化などの、工事を依頼した際の外注費の証拠資料です。

- 見積書
- 発注書、契約書
- 工事の完了報告書
- 請求書
- 支払いの証明（振り込み記録など）
- 成果物の写真（工事前と工事後の比較写真）

このように、お金の流れが明らかで、さらにその結果の成果を書類で示す必要があります。これは不正して補助金を受け取ることがないようにするためでもあります。

これらの情報をまとめたら、図表25の経費支出管理表に転記します。

報告書の作成

次に事業実績報告書の作成です。内容としては、主に次のようなことを記入します。

- 事業名
- 事業期間
- 事業の取組内容、成果、経費、将来の効果といった事業の概要

分量としては、A４用紙１枚～２枚程度で大丈夫ですので、行った事業の総括といったイメージ

【図表 25　経営支出管理表の例】

経費支出管理表（見本） ①

1. 事業者名　：　○○商店

② 2. 番　　号　：　12345

＊採択通知書住所氏名の下部に記した
カッコ内の番号を記入してください

③ 3. 交付決定日　：　2019年7月31日

＊交付決定通知書右上に記した日付を記入してください

④ 4. 事業者区分　：　課税事業者

＊「課税事業者」・「免税事業者」・「簡易課税事業者」の
いずれに該当するか記入します

＊本支出管理表は、実績報告書や経費支出に係る証ひょう書類送付する際に、あわせてご提出をお願いします。
また、送付する際には必ず証ひょう番号ごとに整理してください。

（証ひょう番号ごとに整理ができていない場合には、いったん全て返送し、再度整理をご依頼することがあります。）

＊「交付決定日」以後に「申込or発注or契約」を行い、「補助事業実施期限」までに支払（銀行振込が大原則。旅費を除き、通常、１取引10万円(税抜き)を超える支払において現金支払いは不可）を終えた経費が、補助対象です。
（ただし、展示会への出展については交付決定前の申込みでも、請求書の発行が交付決定日以後であれば、補助対象となります。）

＊本エクセル[illegible]ルには関数が[illegible]込まれています。[illegible]数を増やす場合には[illegible]費支出管理表と[illegible]内訳書の金額が[illegible]しているか、ご確認ください。

証ひょう番号	⑤ 費目	⑥ 実際の支出金額（消費税込額）	⑦ 実際の支出金額のうち補助対象経費として計上できる額	⑧ 発注・申込・契約日	⑨ 支払日	⑩ 支払先	⑪ 支出内容
1	1. 機械装置等費	324,000	**300,000**	2019年9月10日	2019年9月30日	A	製麺機
2	2. 広報費	132,000	**100,000**	2019年8月25日	2019年10月1日	B	新商品宣伝チラシ、12,000枚印刷 展示会等にて期間中10,000枚配布 132,000÷1.1＝120,000（税抜） 120,000円÷12,000枚＝10円（1枚） 10円×10,000枚＝100,000円（計上） ⑫
3	3. 展示会等出展費	385,000	**350,000**	2019年10月10日	2019年11月10日	C	△△フード展2018 出展小間代
4							
5							
6							
7							
8							
9							
10							
合計額		841,000	750,000				

【図表26　実施報告書の例】

（様式第８）

① 2019　年　12　月　31　日

日本商工会議所　事務局長　殿

② 住　　所　　○○県○○市○1-1-1
名　　称　　□□商店
代表者の役職・氏名　代表　小規模　太郎　印
※共同申請の場合は連名

平成３０年度第２次補正予算　小規模事業者持続化補助金に係る
補助事業実績報告書

小規模事業者持続化補助金交付要綱第１６条第１項の規定に基づき、下記のとおり報告します。

記

１．補助事業名（補助金交付決定通知書の日付を記載のこと。）
③ 小規模事業者持続化補助金事業
（2019年7月31日交付決定）

２．事業期間
④ 開始　2019　年　8　月　28　日
終了　2019　年　12月　30　日
⑤

３．実施した補助事業の概要
⑥（１）事業者名
□□商店
（２）事業名
⑦ 新製品の開発と、展示会等での新規顧客獲得のための販路拡大事業
（３）事業の具体的な取組内容
ア）新商品を製造するために□□を購入し、使用を開始した。（機械装置等費）
⑧ イ）印刷会社に依頼して新商品のチラシを△△部作成し、展示会や既存顧客に配布し、新商品の宣伝をした。（広報費）
ウ）○○産業展示会へ出展し、来場者に、自社商品、新製品を紹介することで商品の認知度向上を図った。（展示会等出展費、旅費）

（４）事業成果（概要）

ア）機械装置購入により、新商品の生産が可能になり、売上の増加が見込まれる。
⑨ イ）チラシの配布により、新製品の問い合わせが確実に増えてきている。
ウ）展示会に出展することで、多くの来場者に新製品の詳しい案内ができた、また業界の中での当社のニーズを把握できた。
（５）事業経費の状況
・支出内訳書（別紙３）

⑩
（６）本補助事業がもたらす効果等
本補助事業にて、現顧客だけでなく、幅広い顧客層へのアピールが出来た。またこのタイミングで作成した新商品や今までの商品の販路を開拓するに当たり、どのようにターゲットを絞り、進めていけばいいのかの道筋をつけることができ、今後の売上につながっていくと思われる。

（７）本補助事業の推進にあたっての改善点、意見等

【図表 27　支出内訳の例】

(別紙2)【様式第8：実績報告書に添付】

支出内訳書

事業者名：　○○商店　①
番　　号：　12345　②

（単位：円）

経費区分	補助対象経費
1．機械装置等費	300, 000
2．広報費	100, 000
3．展示会等出展費	350, 000
4．旅費	0
5．開発費	0
6．資料購入費	0
7．雑役務費	③ 0
8．借料	0
9．専門家謝金	0
10．専門家旅費	0
11．車両購入費	0
12．設備処分費	0
13．委託費	0
14．外注費	0
補助対象経費合計 **(上記1．～14．の合計)**	④ **750,000**
(1) 補助対象経費合計の ３分の２の金額（円未満は切り捨て）	⑤ 500, 000
(2) 交付決定通知書記載の補助金の額 （計画変更で補助金の額を変更した場合は変更後の額）	⑥ 500, 000
(3) 補助金額 ((1)または(2)のいずれか低い額)	⑦ 500, 000
(4) 収益納付額（控除される額）	⑧ 60, 000
交付を受ける補助金額(精算額) **(3)－(4)**	⑨ 440, 000

で作成をしましょう（図表26）。

また、図表26の報告書にあるように、経費については、詳しい内訳を別紙で添付します（図表27）。

提出物の整理

ここまでくれば資料作成は完了です。

あとは、経費の証拠資料を、経費支出管理表と対応するように、各書類の右上に番号と書類タイトルを記入するなどして、指示通りに書類を整理します。

これにて長かった提出準備が完了となりますので、あとは補助金事務局まで書類一式を送付して完了となります。

さてここまでいかがだったでしょうか？

とても難しいと思われた方もいると思います。それは当然のことで、補助金は皆さんが納めている税金から支払いを受けることになります。

簡単に支払いをしてしまっては、補助金の制度を正しく活用してもらえないことになります。ですので、これだけの手間が必要なんです。そこは制度であると割り切って採択（合格）後には、こんな手続があると、あらかじめ理解して取り組むことをおすすめします。

なお、掲載している図表などで示している実績報告時の提出書類・提出方法等は毎年変更されることもありますので、必ず最新の公募要領・補助事業の手引き等を確認してください。

8　小規模事業者持続化補助金の補助対象経費

補助対象経費

小規模事業者持続化補助金の補助対象経費としては、図表26のようなものが認められています（年によって変わる可能性があるため、必ず最新の公募要領をご確認ください）。

小規模事業者持続化補助金をもらうためには、これらの経費に該当したうえで、次のような条件を満たす必要があります。

この条件を満たさない場合は、対象経費に該当したとしても対象経費とは認められませんので注意が必要です。

・使用目的がその事業のために必要なことが明確であること。
・補助金の交付決定日以降に発生し、対象期間中に支払いが完了したもの。
・領収書等によって実際の支払金額が確認できること。

【図表 28　補助対象経費】

機械装置等費	（例）新商品のための陳列棚を購入、売上管理業務効率化のためＰＯＳレジソフトウェアを導入
広報費	（例）販促用チラシの作成、ＷＥＢサイト作成や更新
ウェブサイト関連費	（例）商品販売のためのウェブサイト作成や更新、インターネット広告
展示会等出展費	（例）国内外の展示会や見本市への出展、国内外の商談会への参加
旅費	（例）展示会社や商談会への参加のための旅費
開発費	（例）新商品の開発
資料購入費	（例）新商品の開発のため参考資料の購入
雑役務費	（例）チラシのポスティングや、イベントのアルバイト代
借料	（例）商品のＰＲイベント会場の賃料
設備処分費	（例）業務効率改善等に伴う不要な設備の廃棄費用　※補助対象経費総額の２分の１までが上限
委託費	（例）新商品開発のための成分分析を外部機関に外注
外注費	（例）店舗の改装　※不動産の購入・取得は対象外

重要な点について、次に解説していきます。

交付決定日以降に発生・対象期間中に支払いが完了する必要がある

この条件はつまり、「補助金で買おうと思っている物を実際に買う時期や支払時期は、補助対象期間中にお願いします」といったことを意味しています。

当然のことですが、「補助金の申請前に買った物じゃダメ！」ということになります。ちなみに、コロナ対策の特別枠において、既に買った物もさかのぼって認められるというケースもありますが、あくまでも例外的な位置づけとなりますのでご注意ください。

領収書等によって実際の支払金額が確認できること

これは「ちゃんと買ったかを証明できる決済方法にしてください」ということを意味します。こういったルールがあるため、支払方法に関しては、証拠がはっきり残る「銀行振り込み」が原則となります。

※その他支払方法の注意点は公募要領をよくご確認ください。

よくある経費が「ホームページ制作」

「小規模事業者持続化補助金といえばホームページ制作」というくらい、経費の使い方としてホームページは定番です。

しかしながら２０２２年の小規模事業者持続化補助金からは、ホームページ制作は「ウェブサイト関連費」という経費項目に分類され、補助される上限も補助金交付申請額の１／４が上限となり、補助率が下がりました。また申請の際にウェブサイト関連費のみの申請はできないという取り扱いになっていますのでお気を付けください。

どんなホームページでも対象になるわけではない

小規模事業者持続化補助金の趣旨は、「新たな販路の開拓」。つまり、「今まで提供してきたサービスを新たな販路で売っていきたい」とか、「新規顧客を開拓して新しい商品やサービスをつくりたい」といったニーズに答えるための補助金が小規模事業者持続化補助金となります。

こういった趣旨もあり、どんなホームページでも対象となるわけではありません。あくまでも「新たな販路開拓につながる」と言えるもののみが補助対象となります。

具体的には、「販路拡大の要素が含まれていないホームページ」は対象外となります。例えば、単にホームページをリニューアルするといっただけでは対象外となる可能性が高いです。あくまでも販路開拓のための補助金です。「ホームページをリニューアルすることで、こんな風に新たな販路がひらける」ということをアピールし、そこを伝えられないと対象外となります。

ECサイトは対象になるが収益納付に注意

ＥＣサイトというのは、自分の会社の商品やサービスを、インターネット上で販売するサイトのことを言います。

ＥＣサイトについても補助金対象経費になります。

もっとも、収益納付という制度があり、「儲けすぎると補助金を返還しなければならない」というルールもあるので、その点には注意が必要です。

ＳＥＯ対策は一部対象外

ＳＥＯ対策というのは、インターネット検索で上位表示させるための対策を言います。ＷＥＢマーケティングの際、非常に重要な要素の1つではあるのです。小規模事業者持続化補助金では、「効果や作業内容が明確なウェブサイトのＳＥＯ対策」は対象経費となっています。

リスティング広告は対象だが証明が大変

リスティング広告というのは、検索に連動して表示される「ワンクリック○円」といった広告です。リスティング広告も対象経費として認められてはいますが、補助金の使い道を証明する際の手間が大変なので注意が必要です。

パソコンは対象外

よく事業者の方から「新しいパソコンを補助金使って購入したいんだけど？」と言われることがあります。

結論としては、パソコンは補助対象とはなりません。

たしかにパソコンは、もし持っていないのであれば、販路開拓につながりそうな感じもします。ですが、小規模事業者持続化補助金は、「汎用性があり、目的外使用になり得るもの（例：パソコン・タブレットＰＣおよび周辺機器（ハードディスク・ＬＡＮ・ｗｉ－Ｆｉ・サーバー・ＷＥＢカメラ・ヘッドセット・イヤホン・モニター・スキャナー・ルーター等）、テレビ・ラジオ・自転車等）の購入費用は補助対象外」というルールがあるため、対象外となっています。

ちなみに、地方自治体でも小規模事業者持続化補助金に似た補助金を募集していますが、地方自治体のほうがパソコンのような汎用性があるものも対象となっているケースが多いです。

転売可能なものは基本的に難しい

補助金は、税金を使って中小企業の成長を応援するための制度です。あくまでも原資は税金であるからこそ、転売によって儲けるみたいなことは許されません。そのため、パソコンのような転売可能な物品に関しては、補助対象外となる傾向にあります。

9　小規模事業者持続化補助金は自分で申請すべきか

書類作成は時間を考慮しよう

小規模事業者持続化補助金を申請するときに考えるのは、「自分で申請するか？」「誰かに頼むか？」です。小規模事業者持続化補助金の申請要項等は合計でおよそ70ページあります。その中身を読み込んで、そこから計画書を作成していく時間は1、2時間で終わるレベルのものではありません。

初めての補助金申請なら、なおさら時間がかかります。補助金には当たり前ですが「締め切り」が存在します。しかも、小規模事業者持続化補助金は商工会議所や商工会に作成してもらう書類がありますので、その書類作成の時間も考えながら進めないといけません。

補助金は自分で申請できるか

「申請するときにお金もかからないし、自分で申請できるなら申請して補助金をもらいたい！」と思う社長さんは多いはずです。結論から言いますが、自分で申請はできます。

ただし、申請ができることと合格する申請書類作成ができることは違う次元の話です。きちんとポイントを押さえた申請書を作成しなければ、当然ながら採択（合格）はされません。

ここで、自分で申請するメリット・デメリットをまとめておきました。メリット・デメリットを踏まえて、「自分で申請するか否か」の判断の参考としてください。

自分で申請するメリット・デメリット

（メリット）

●お金がかからない。

●自社のことなので、自分で書いたほうが効率はいい。

（デメリット）

●採択されやすい計画書が書けない場合が多い。

●時間ばかりかかってしまう（かえってコスパが悪い場合がある）。

専門家に頼るのがベスト

補助金について、行政書士等の専門家に依頼したいと考えている方もいらっしゃると思いますが、気になるのが報酬でしょう。報酬とは専門家に頼んだときに発生するお金のことです。補助金申請はとても手間がかかります。そのため、専門家という存在がいるのですが、当然ながらタダではありません。ここでは、一般的にかかる報酬についてお話します。

①着手金

着手金は採択されるかどうかにかかわらず、書類の作成やコンサルティングに対する費用として、最低限前払いで支払うお金のことです。

金額は内容やどの程度のサポートを依頼するのかによって変わりますが、5万円から10万円くらいが多いです。

ちなみに、着手金を取らず、完全成功報酬というケースもあります。ですが、この場合、成功報酬が高く設定されている可能性がありますので、事前にしっかり確認しましょう。

②成功報酬

成功報酬は採択（合格）したときに発生する報酬です。

専門家に依頼する場合の成功報酬は15%~20%というところが多いです。さらに、その成功報酬のパーセンテージは採択（合格）までの金額なのか、採択後の事務（実績報告）まで含んでいるのか、この2点を確認する必要があります。

行政書士に依頼するメリットはある？

補助金の申請は申請しようと思い立つと、第一の壁でもある公募要領を読み込まなければいけません。数十ページのものから数百ページのものまで様々ですが、書かれている内容も難しく、自分が該当しているのさえわからないことも結構あります。

しかも公募要領を読むだけではだめで、採択される申請書を書く必要があります。全く経験がない方がきっちりできるかは、その方の事務作業経験や事業計画書作成経験によるところが大きいです。

次に、補助金申請を専門家に依頼した場合のメリットについてまとめておきます。

専門家依頼のメリット①／採択（合格）の可能性が高くなる

専門家に依頼することで、必要書類を準備してもらったり、作成してもらったりすることができます。特に難易度が高いのは、事業計画書です。事業計画書は審査の大きなポイントですし、この書類のでき次第で合否が分かれます。補助金申請の実績がある専門家にポイントを押さえた事業計画書を作成してもらうことで、審査に通る可能性が高くなります。

専門家依頼のメリット②／早い期日にエントリーできる

小規模事業者持続化補助金は、２０２０年度から通年申請の形となっているため、３か月に１度くらい公募があります。そういった背景もあり、「今回は準備できなかったから次でいいや」と先延ばしにする方が多くなっています。その点、行政書士等の専門家に依頼すれば、早い期日に申し込むことも可能となります。早い時期に申請すれば、その分補助金も早く獲得できることもあります。

専門家依頼のメリット③／補助金申請をスムーズにディレクションしてくれる

補助金申請にとって、なんといっても厄介なのが、「公募要領の理解」です。

専門家に依頼してしまえば、基本的に公募要領を事業者の方が読む必要はなくなります。

行政書士などの専門家に疑問や質問をするだけで、すぐに答えてくれます。専門家の指示に従えば、間違いのない申請手続が可能ですので、時間の節約にもなります。

専門家依頼のメリット④／補助金以外の会社の悩みまで解決してもらえる可能性あり

会社には様々な悩みがつきものです。補助金申請を専門家に依頼したことがきっかけで、それ以外の悩みも合わせて相談でき、スムーズに解決できることも十分あり得ます。補助金申請以外に悩みがあれば、補助金申請をサポートしてくれた専門家に相談してみるのも手です。

専門家依頼のメリット⑤／補助金申請採択後の手続きまでサポートしてもらえる

補助金申請において悩ましいのが、採択される計画書をつくることはもちろんですが、採択されてから補助金をもらうまでの「採択後の手続」です。いわゆる「実績報告」と呼ばれるもので、どんな補助金を申請するにもついて回る面倒な手続でもあります。

しかし、面倒だから避けるということはもちろんできず、補助金を実際に受け取るには通らなければいけないものです。自分で申請をした場合には、自分で実績報告をしなければいけませんが、行政書士に依頼をした場合には、補助金をもらうための後処理である実績報告もサポートしてくれます。補助金を間違いなく受け取れる安心材料にもなり得ます（サポートをしていない専門家もいますので、ご相談した専門に実績報告もサポートしてもらえるかを確認をしてください）。

第４章　ＩＴ導入補助金

1　ＩＴ導入補助金とは

ＩＴ導入補助金とは

ＩＴ導入補助金とは、中小企業のＩＴ導入を金銭的に支援してくれ、業務効率化・生産性向上をサポートしてくれる補助金です。

他の補助金と同様、審査があります。審査に合格し、事業完了後に報告を行うことで、事後的に経費の一部が支給される制度となっています。

特徴としては、「既存のシステムを購入する」という点が挙げられます。

つまり、オーダーメイドのシステムを開発するのではなく、一般的に販売されているでき上がったシステムを導入するということになります。

「登録されたＩＴ事業者」の「登録されたＩＴツール」のみが対象

ＩＴ導入補助金は、登録された事業者（ＩＴ登録支援事業者）が扱う、登録されたＩＴツールのみが補助対象となります。

つまり、「どんなＩＴシステムでも補助金の対象となるわけではない」ということです。

ですので、もしご自身が欲しいＩＴシステムがツール登録されていなければ、補助金はもらえないということになります。

有名なシステムは大概ツール登録されていますが、専門的なシステムは登録されていない場合があります。

そういった場合は、ご自身が必要なシステムを販売している会社に「ＩＴ導入支援事業者」としての登録をしてもらい、更にそのシステムを「ＩＴツール登録」してもらう必要があります。

なお、この「ＩＴ支援事業者登録」「ＩＴツール登録」には締切期限がありますので、早めにシステム会社さんと調整されることをおすすめします。

ＩＴ導入支援事業者と共同で申請する仕組み

ＩＴ導入補助金は、仕組み上、事前に事務局に登録されたＩＴ導入支援事業者と共同でなければ申請できない補助金となります。この「ＩＴ導入支援事業者」というのは、補助金で購入したいＩＴツールの提供者です。

つまり、国としては、ＩＴシステム会社に対し、「補助金を出すんだから申請事務も手伝ってね」といった設計にしているということです。

ただシステム会社はＩＴのプロであっても、補助金のプロではありません。

そのため、行政書士等の専門家に実質的サポートを依頼するケースは多いです。

ＩＴ導入支援事業者も、専門家に依頼すれば採択率が上がると見込んでいるためでもあります。

補助額が類型ごとに違う

２０２３年のＩＴ導入補助金では申請区分が３つに分かれています。

ちなみに、類型は年によって変わるので、必ず最新の公募要領をご確認ください。

【通常枠】

通常枠（Ａ類型）：申請額、５万円以上～１５０万円未満（補助率１／２）

通常枠（Ｂ類型）：申請額、１５０万円以上～４５０万円未満（補助率１／２）

【セキュリティ対策推進枠】

セキュリティ対策推進枠：申請額、５万円以上～１００万円（補助率１／２）

【デジタル化基盤導入枠】

デジタル化基盤導入枠：申請額、（下限なし）～５０万円以下（補助率３／４）、５０万円超～３５０万円（補助率２／３）

Ａ類型と、Ｂ類型とでは補助額にだいぶ開きがあります。これは、Ａ類型の方がＢ類型よりも要件がゆるいためです。

つまり、導入するソフトウェアについて、「ソフトウェア（業務プロセス）の中の、①顧客対応・販売支援②決済・債権債務・資金回収管理③調達・供給・在庫・物流④業種固有プロセス⑤会計・財務・経営⑥総務・人事・給与・労務・教育訓練・法務・情シス」のうち、「Ａ類型は１つ満たせばＯＫ」という要件なのに対し、「Ｂ類型は４つ満たしていないとダメ」という厳しい要件となっているからです。

また、Ｂ類型では従業員の賃金をアップさせることが要件となっています（Ａ類型では賃上げは不要です）。

このようにＢ類型の要件は厳しめだからこそ、補助額も大きくなります。

そして、セキュリティ対策推進枠は、中小企業・小規模事業者等がサイバーインシデントの原因で事業継続が困難となる事態を回避するとともに、サイバー攻撃被害が供給制約や価格高騰を潜在的に引き起こすリスクや生産性向上を阻害するリスクの低減を目的として創設された申請枠です。

さらにはインボイス制度も見据えた企業間取引のデジタル化を支援することを目的とした「デジタル化基盤導入枠」も２０２２年に引き続き申請可能で、この申請枠ではパソコン・タブレット等のハードウェアの購入も対象になり、多くの事業者が相次ぐ制度変更などに対応する際にかかる費用を支援してもらえるということで、より使いやすい制度として多くの事業者に活用されています。

また最近新たに改正された電子帳簿保存法では、電子帳簿に関する改正やスキャナ保存に関する改正、電子取引に関する改正など様々な改正がされています。そのような数多くの制度改正に対応するために導入するＩＴツールもＩＴ導入補助金の対象になるものが出てきています。

こういった類型は年によって変わってしまいますが、「導入するソフトウェアにどのくらい要件がもとめられるのか」「賃上げ要件は必須なのか」「特別枠（例：セキュリティ対策推進枠）はあるのか」といった観点で、最新の公募要領をチェックするのが大事です。

2　ＩＴ導入補助金の申請者・対象要件

申請できる事業者とは

ＩＴ導入補助金を使えるのは、中小企業と個人事業主のみです。大企業は対象外です。

ここでいう「中小企業」とは、資本金と従業員数から決まってきます。

例えば製造業であれば、「資本金3億円以下」もしくは「常時使用する従業員数３００人以下」のいずれかに当てはまれば、中小企業に該当し、ＩＴ導入補助金が使えます。

具体的な「中小企業」の定義は、図表29のとおり、中小企業法で定められています。

こちらでは、代表的な分類について紹介します。

【図表29　申請できる中小企業】

製造業その他	資本金の額又は出資の総額が3億円以下の会社又は常時使用する従業員の数が３００人以下の会社及び個人事業主
卸売業	資本金の額又は出資の総額が1億円以下の会社又は常時使用する従業員の数が１００人以下の会社及び個人事業主

小売業	資本金の額又は出資の総額が５０００万円以下の会社又は常時使用する従業員の数が50人以下の会社及び個人事業主
サービス業	資本金の額又は出資の総額が５０００万円以下の会社又は常時使用する従業員の数が１００人以下の会社及び個人事業主

なお、「常時使用する従業員」とは、「あらかじめ解雇予告を必要とする従業員」のことを言います。なんだか難しい言葉ですよね。正社員は問題なくカウントするという理解で構いません。アルバイトやパート、派遣社員については、個々の状況によりますが、日雇いや季節労働といった期間限定的なものでない限り、カウントする方向となります。

ちなみに、役員や個人事業主本人は「常時使用する従業員」にはカウントしません。

一般社団法人・医療法人なども対象

補助金においては、一般社団法人や医療法人は基本的に対象外です。

しかし、ＩＴ導入補助金においては、従業員数要件を満たせば、一般社団法人等であっても補助金をもらえる可能性があります。

なお、余談になりますが、一般社団法人は、公益的なイメージもあり人気ではありますが、補助金の対象外になったり、融資を受けにくかったり（信用保証協会という自治体の保証の対象外になる場合があるため）といった面もあります。設立を検討する際は注意が必要です。

ＩＴ導入補助金の主な申請要件

ＩＴ導入補助金を申請するための主だった要件は次のとおりです。

①日本で登録された中小企業（個人）で、国内において事業を行っていること。
②最低賃金を下回っていないこと。
③ＧビズＩＤのアカウントを持っていること。
④携帯電話を持っていること。
⑤ＳＥＣＵＲＩＴＹ ＡＣＴＩＯＮに同意していること。

次に、わかりにくい点について補足説明をします。

ＧビズＩＤアカウントについて

③ＧビズＩＤについてですが、これは電子申請のアカウントです。

ＩＴ導入補助金は、電子申請による必要があるため、あらかじめＧビズＩＤというアカウントをとっておく必要があります。

なお、ＧビズＩＤの登録自体は無料で簡単にいつでも取得できます。もっとも、手続に2週間くらい時間がかかる点に注意が必要です（手続の際に印鑑証明書も必要となります）。ですので、補助金申請の時期になって慌てて手続するのではなく、あらかじめＧビズＩＤアカウントを取得しておくことをおすすめします。

SECURITY ACTION（セキュリティー・アクション）について

ＳＥＣＵＲＩＴＹ ＡＣＴＩＯＮ（セキュリティー・アクション）についてです。

こちらは、中小企業自らが情報セキュリティー対策に取り組むことを自己宣言する制度になります。ＩＴ導入補助金の要件としては、2段階あるうちの1段階目、★一つ星（情報セキュリティー5ヶ条）を宣言することが必要となっています。

なお、セキュリティーアクションについては、ＷＥＢから簡単に手続が可能です。

3　ＩＴ導入補助金の流れ・必要書類

ＩＴ導入補助金の申請の流れ

①公募要領を読む

まずは公募要領を読んで、ＩＴ導入補助金について理解しましょう。この時点で、「公募要領読む《ママ》の無理だな」と感じたら、行政書士等の専門家に相談してしまったほうがよいでしょう。なぜなら、公募要領はキッチリ読み込んでおかないと、補助金入金までたどりつけないため、難しいようなら早めに相談してしまったほうがよいからです。

②ＩＴ導入支援事業者・ＩＴツールを選ぶ

ＩＴ導入補助金を使うためには、「国から認定を受けたＩＴツール」と「それを取り扱うＩＴ導入支援事業者」を選ぶ必要があります。

ＩＴツールや登録事業者は、公式サイトに掲載されていますので、見積もりを依頼する等してコンタクトをとってみましょう。

ちなみに、契約はまだしないように注意してください。なぜなら、補助金は、原則として、交付決定後（合格後）に契約をしないともらえなくなるからです。

③ＧビズＩＤアカウントの取得

ＧビズＩＤとは、複数の行政サービスを1つのアカウントにより、利用することのできる認証システムです。

ＩＴ導入補助金の申請をするためには、ＧビズＩＤプライムを取得している必要があります。なお、ＩＴ導入補助金の公募前に、あらかじめ取得しておいても構いません。

④申請マイページ開設

導入するＩＴツールが決まれば、ＩＴ導入支援事業者から申請マイページに招待してもらえるようになります。自社の情報を入力していきましょう。

⑤申請書類を作成、確認して申請

申請者情報の入力が完了しましたら一段落。次はＩＴ導入支援事業者が、申請者のマイページからＩＴ導入支援担当者情報や、計画数値、導入するＩＴツールの情報を入力していきます。

なお、内容が間違っていたとしても、いったん申請してしまうと訂正ができません。それだけで不合格となる可能性もあるので、内容をしっかり確認して申請するようにしましょう。

⑥交付決定（合格発表）

交付決定通知（合格通知）がメールで送られてきます。

⑦補助事業実施（契約・支払い）

審査が通り、交付決定がされて初めて契約を結びます。そして、代金の支払いを行い、実際にＩＴツールを導入します。

⑧実績報告

事業が完了後、期限内に証拠資料の提出とともに実績報告を行います。

⑨補助金交付

実績報告の審査が行われ、チェックが終わると、補助金額が確定し交付されます。

⑩アフターフォロー

ＩＴツールを提供したＩＴ導入支援事業所がアフターフォローを行います。

ＩＴ導入補助金申請の必要書類

ＩＴ導入補助金の申請に必要な書類は、法人か個人事業主で違います。なお、申請の際は必ず最新の公募要領をご確認ください（次は申請書類のイメージとして参考にとどめてください。

法人

①会社の謄本（履歴事項全部証明書）

※発行から3か月以内のもの。

※法務局から発効された紙ベースの書類であること（オンラインの登記情報サービスを出力したものでは認められません）。

②法人税の納税証明書（その1またはその2）

※税務署の窓口で発行された直近分の納税証明書。

※電子納税証明書（納税証明データシート等）は認められません。

個人事業主

①（有効期限内の）運転免許証もしくは（発行から3か月以内の）住民票

※運転免許証の裏面に記載がある場合は裏面も必要。

※運転経歴証明書を使うことも可能。

②所得税の納税証明書（その1またはその2）

※税務署の窓口で発行された直近分の納税証明書。

③所得税確定申告書Ｂの控え（直近分）

※税務署の受領印があるもの。

※電子申請の場合は受信通知（メール詳細）も必要。

このように、法人も個人事業主も揃えなければいけない書類がいくつもあります。

申請の段階でスムーズに手続を済ませるためにも、事前の準備を忘れないでください。

ただし、発行日から３か月以内でないとダメな書類もありますので、「取得日」にはご注意ください。

４　ＩＴ導入補助金の対象経費

ＩＴ導入補助金で対象となる経費

ＩＴ導入補助金は、登録されたＩＴツールが補助対象経費となります。

このＩＴツールは、通常枠（Ａ類型・Ｂ類型）に関しては、（1）：ソフトウェア、（2）：オプション、（3）：役務の３つに分かれます。

あくまでも（1）のソフトウェア（業務プロセス）がメインで、ソフトウェア（業務プロセス）を申請する前提で、ソフトウェア（オプション）や役務（付帯サービス）の経費も補助対象とすることができます。
その他の申請枠についても対象となる経費が違いますので、合わせて確認をしてください。

【通常枠（A類型・B類型）】

（1）：ソフトウェア（業務プロセス／共通プロセス）

①顧客対応・販売支援

②決済・債権債務・資金回収管理

③供給・在庫・物流

④会計・財務・経営

⑤総務・人事・給与・労務・教育訓練・法務・情シス

（1）：ソフトウェア（業務プロセス／業種特化型プロセス）

①業種固有プロセス

（1）：ソフトウェア（汎用プロセス）

①汎用・自動化・分析ツール（業種・業務が限定されないが生産性向上への寄与が認められる業務プロセスに付随しない専用ソフトウェア）

（2）：オプション

①拡張機能

②データ連携ツール
③セキュリティ
（３）：役務
①導入コンサルティング
②導入設定・マニュアル作成・導入研修
③保守サポート

【セキュリティ対策推進枠】

セキュリティ対策推進枠対象のＩＴツールは独立行政法人情報処理推進機構（ＩＰＡ）が公表する「サイバーセキュリティお助け隊サービスリスト」に掲載されているサービスのうち、本事業においてＩＴ導入支援事業者が提供し、かつ事務局に事前登録されたサービスになります。

【デジタル化基盤導入枠】

（１）：ソフトウェア、オプション、役務
①ソフトウェア、オプション、役務の導入費用
②サブスクリプション販売形式の製品（最大２年分が補助対象）
③保守費用（最大２年分が補助対象）

（2）：ハードウェア
①ＰＣ・タブレット・プリンター・スキャナー・複合機
②ＰＯＳレジ・モバイルＰＯＳレジ・券売機

ＩＴ導入補助金の対象となる具体的な経費

ＩＴ導入補助金の具体的な対象経費は次の通りです。
なお、年によって変わるので、申請の際は必ず最新の公募要領をご確認ください。

・パッケージソフトの本体価格
・クラウドサービス導入の初期費用
・クラウドサービスにおける契約記載の運用開始（導入）から1年分のサービス利用料、ライセンス、アカウント料金
・パッケージソフトのインストールに関する費用
・ミドルウェアのインストール費用
・動作確認費用
・ＩＴツール導入に伴う教育・操作指導・事業計画に関わるコンサル費（※関連会社、取引会社への説明会費用などは対象外）
・契約記載の運用開始日から1年分の問合せ＆サポート保守費用

・契約書記載の運用開始日（導入日）から1年間のWEBサーバー利用料（既存HPの日常的な更新、改修費用は対象外）

ＩＴ導入補助金の対象外経費

代表的な補助対象外経費としては以下のものがあります（一例）。

・ハードウェア（※デジタル化基盤導入枠に関しては一定のハードウェアは対象になります。詳しくは最新の公募要領をご確認ください）
・契約後に新規や追加機能の開発が必要となるソフトウェアまたは大幅なカスタマイズが必要となるソフトウェア（※ＩＴ導入補助金はオーダーメイド的なものは対象外という考え方です）
・ＥＣサイト（※デジタル化基盤導入枠ではＥＣサイトも認められます。ただし、必ず最新の公募要領をご確認ください）
・ホームページ製作（※ホームページは小規模事業者持続化補助金の方で補助金が出る可能性はあります）
・ＷＥＢアプリ制作、スマートフォンアプリ製作、ＶＲ・ＡＲ用コンテンツ製作、デジタルサイネージ用コンテンツ製作
・税金（消費税）
・緊急時連絡システム等、日常的に利用されないシステム

デジタル化基盤導入枠のみ認められる経費がある

2022年からデジタル化基盤導入類型という申請枠が設定されています。この類型は会計・受発注・決済・ECソフトの経費の一部を補助することで、インボイス対応も見据えたデジタル化を推進することを目的とした枠になっています。

基本的に国の補助金ではパソコンやタブレットなどのハードウェアは対象外となっています。理由は、補助金で買った物を転売する悪い方がいるためです。

ただし、デジタル化基盤導入類型に関しては、対象ソフトを導入するにあたりハードウェアであるパソコンなども一緒に購入できることが利用者の利便性を向上させることなどを理由に例外的に認めています。

ただし、これはあくまでも例外的な対応で、基本ハードウェア（パソコン・タブレットなど）は対象外になることがほとんどであることを理解しておきましょう。

ちなみに、「これは補助金の対象になるのかな?」と考える際の1つの目安は「転売可能か否か」になります。転売可能であれば、基本的に国の補助金は出ないと考えたほうが無難です。なお、国よりも地方自治体の補助金の方がパソコンの購入等に寛容な傾向があります。

とにもかくにも、対象経費になるかどうか?　ということに関しては自分だけで判断するのは危険です。対象になると思っていたものが対象外であれば当然補助金はもらえません。まずは、身近な専門家などに相談し判断を仰ぐことがとても大事なります。

5　ＩＴ導入補助金を活用し改正電子帳簿保存法による悩みを解決

電子帳簿保存法って何

ＩＴ導入補助金は、社内の業務効率化などの課題に一定のＩＴツールをＩＴ支援導入事業者から導入することで、補助金を受け取ることができる制度です。

電子帳簿保存法に関係する国税関係の帳簿や書類を電子的に保存する際に活用できるＩＴツールも導入することが可能となっています。

そもそも、電子帳簿保存法とは、国税関係の帳簿や書類を電子的に保存する際の要件等をまとめた１９９８年に定められた法律です。

過去も何度も改正されていますが、２０２２年には「電子帳簿等保存」「スキャナ保存」「電子取引」の３つの区分すべてにおいて改正されています。

改正前の電子帳簿保存法では、電子帳簿等保存とスキャナ保存をするためには、事前に所轄の税務署長に届け出を行う制度がありましたが、改正で廃止されました。

また、電子取引を行ったときの書類保存については、紙に印刷して保存することが認められていましたが、改正後は電子データでの保存が義務づけられています。義務化されたという点がかなり重要なポイントで、以下の書類はすべて電子データでの保存をしなければいけなくなりました。

【図表30　電子データの保存が必要な書類（一例）】

①　ＥＣサイトで通信販売をしたときにマイページなどからダウンロードした領収書
②　請求書発行システムを経由してやり取りをした請求書や発注書
③　電子メールに添付されてきたＰＤＦの請求書
④　自社が電子メールに添付して送信したＰＤＦの請求書

さらに２０２２年の改正においては罰則規定が強化され、電子取引の電子データ保存や書類スキャナ保存について、隠ぺいや仮装がある場合の罰則が強化され、重加算税が10％加重されるようになりました。ますます、書類保存を厳格化しなければいけない流れになりました。

一方、要件が緩和された部分もあり、電子取引を行う際のデータ検索の要件が緩やかになったり、スキャナ保存のタイムスタンプ付与の要件が緩やかになるなどの改正が施されています。

電子帳簿等保存制度とは

電子帳簿等保存制度とは、税法上保存等が必要な「帳簿」や「領収書・請求書・決算書など」を紙ではなく電子データで保存することに関する制度です。

次の３つの制度に区分されています。

⑴電子帳簿等保存（希望者のみ）

自分で最初からパソコン等で作成している帳簿や国税関係の書類は、プリントアウトして保存するのではなく、電子データのまま保存ができます。さらに一定範囲の帳簿を「優良な電子帳簿」の要件を満たして電子データで保存している場合は、のちに電子帳簿に関連する過少申告が判明しても過少申告加算税が５％軽減される措置があります（あらかじめ届出書を提出する要件あり）。

⑵スキャナ保存（希望者のみ）

決算関係書類を除く国税関係書類（取引先からもらった紙の領収書・請求書等）は、その書類辞退を保存する代わりに。スマートフォンやスキャナで読み取った電子データを保存することができます。

⑶電子取引データ保存（法人・個人事業者は対応必須）

申告所得税・法人税に関して帳簿・書類の保存義務が課されている者は、注文書・契約書・送り状・領収書・見積書・請求書などに相当する電子データをやり取りした場合には、その電子データを保存しなければいけません。

このように今後帳簿関係書類は紙ではなく電子データで保存することが一般的になってきます。今まで紙での保管しか対応してきていない事業者にとって、このような流れは頭を悩ませる問題でもあります。しかも２０２２年1月1日～２０２３年12月31日までの2年間は電子保存義務化猶予期間として設定されているため、対応するには時間が十分あるようにも見えますが、そうこうしているうちにあっという間に猶予期間も過ぎてしまいます。

電子帳簿保存法に関する詳細は、顧問税理士さんやオフィス関連の商品を扱う専門業者などが詳しく相談に乗ってくれます。スムーズに対応移行できるように早めに相談することをおすすめします。

ＩＴ導入補助金で電子帳簿保存法に対応したシステムを導入できる

【国税関係書類対応ソフトウェア】

国税関係書類全般に対応した電子帳簿保存システムなどもＩＴ導入補助金で導入できるシステムになります。

国税関係書類とはいわゆる見積書や請求書、納品書などの書類です。このシステムは国税の申告手続の際に揃えなければいけない書類全般を電子帳簿保存法のルールに沿って保存可能なシステムになります。

会計ソフトとの連携ができるシステムもあったり、別のシリーズのソフトウェアと連携させることですべての国税関係書類に対応できるようなシステムまで様々です。

利用する費用も月額で数千円から数万円と様々あります。

（システムの一例：ｆｒｅｅｅ経理、ｉｎｖｏｘ受取請求書、ＴＯＫＩＵＭインボイス）

【請求書特化型対応システム】

請求書に特化した電子帳簿保存のシステムもＩＴ導入補助金で導入できるシステムです。

あらゆる請求書をオンラインで受け取れるクラウド請求書受領サービスや請求書管理だけではなく、ペーパーレス化やテレワーク対応など支払いや請求の際の課題を解決できるシステムもあります。

（システムの一例：ＢｉｌｌＯｎｅ、楽楽電子保存、ＢｔｏＢプラットフォーム請求書）

【領収書特化型対応システム】

領収書のスキャナ保存に特化したシステムもＩＴ導入補助金で導入できるシステムです。

領収書をスマートフォンで撮影し、システムに格納されたデータ画像を確認するだけで経費精算でき、経費精算のためにわざわざ出社をする必要もなくなり、経費精算の時間短縮に一役買うシステムです。

（システムの一例：楽楽清算、マネーフォワードクラウド経費、ＴＯＫＩＵＭ経費精算）

ここで紹介したシステム等はあくまでも一例です。

電子帳簿等保存法に対応しているシステムで、ＩＴ導入補助金の対象になっているＩＴツールなのかどうかも含め、まずは導入を検討しているＩＴツールを取り扱っている業者の方に問い合わせることが最善の近道になります。

6 IT導入補助金を活用してインボイス制度の悩みを解決

IT導入補助金とインボイス制度との関係

IT導入補助金において、今話題となっているインボイス制度への対応も可能です。

2023年10月から適格請求書等保存方式わゆる「インボイス制度」がとうとう始まります。

消費税を納めている事業者はもちろんのこと、今までは消費税を納める必要がなかった事業者まで対応をしなければいけないような状況にもなっているこの制度では多くの中小企業者等が頭を悩ませているのではないでしょうか?

インボイス制度が始まると、適格請求書発行事業者からの課税仕入れのみ仕入税額控除が可能です。つまり、取引先同士が消費税を納めている事業者でないと自社が受け取った消費税から取引先へ支払った際に発生する消費税を引くことができなくなり、今までよりも納める消費税の額が多くなることもあり得ます(詳細は顧問税理士などにご確認ください)。

2029年9月30日までは、消費税を納めない事業者、つまり免税事業者との取引でも消費税を引くことができるような経過措置もありますが、これもいずれなくなります。長い目で見た時には早めに適格請求書発行事業者として登録することが必要になるケースも出てきます。

今まで会社で導入していた請求書などを作成するソフトウェアでは、インボイス制度に対応していない場合がほとんどかと思います。新しいインボイス対応ソフトウェアを入れると言ってもそんな簡単に入れられない。そのような頭を悩ます中小企業者等にとって導入経費が補助されるということは非常に助かるのではないでしょうか？

補助金の中でもその役割を担ってくれているのがＩＴ導入補助金です。ＩＴ導入補助金では、インボイス対応のソフトウェア等を今後導入する際には、対象のＩＴツールであれば補助の対象になっています。ＩＴ導入補助金は導入しようと考えているＩＴツールがしっかりと登録されていることが条件となっています。

導入しようと思い立った場合は、必ず導入検討しているＩＴ事業者にＩＴ導入補助金で支援の対象になっているのかどうかを確認するようにしてください。

また、自分自身でもＩＴ導入補助金のホームページからＩＴ導入支援事業者であるかどうか、対象のＩＴツールかどうか、は簡単にわかります。こちらもご参照ください。

【引用元：ＩＴ導入補助金２０２３ＩＴ導入支援事業者・ＩＴツール検索】

(https://www.it-hojo.jp/applicant/vendorlist.html)

ＩＴ導入補助金で導入できるインボイス対応のソフトウェアなどの対象経費とは

前述の通りＩＴ導入補助金ではインボイス対応のソフトウェアなどが導入可能です。どのようなものが導入可能なのかもう少し詳細を解説いたします。

【経費精算関連ソフトウェア】

経費精算の場面でも今まで紙のレシートなどで対応していたものをスマートフォンなどの電子媒体で撮影やスキャンしたもので経費精算を簡素化することも可能です。

最近ではリモートワークが導入されている会社などもありますので、このソフトウェアを導入すると社外で経費精算を済ませることが可能となります。いちいち経費精算のために出勤する必要もなくなり、業務効率化につながります。

【請求書作成・受取ソフトウェア】

請求書の作成や受取りを今まで紙ベースで対応していた中小企業者等も請求書作成や受取りをソフトウェアで行えるようにするために新たに導入することで業務効率化が図れます。

インボイス対応だけでなく電子帳簿保存法に対応するものもありますので、同時に法改正に対応できますので、導入の際はＩＴ導入補助金を活用して導入を検討してみてください。

【受発注ソフトウェア】

今まで社内で使用していた受発注に使っているソフトウェアも対象になり得ます。スマホ、ＰＣなどから簡単に発注処理ができるソフトウェアもあり、業務効率化が図れます。

今まで紙ベースでしか管理していない中小企業者等ももちろん新たに導入することで受発注の効率化とインボイス制度への対応がダブルで可能になります。

【ＰＯＳレジなどのハードウェア】

通常ハードウェアはＩＴ導入補助金の対象になりません。しかし、２０２２年より新設された「デジタル化基盤導入枠」では今使っているＰＯＳレジがインボイス対応ではない場合でも対応になるものがあります。レジだけでなく、券売機なども対象になり得ます。

ただし、気を付けなければいけないのは、ハードウェアは単独で補助金申請できないということです。必ず、対象のソフトウェア等と合わせて申請することが必要になります。

ここで挙げたものだけでもインボイス対応で活用できるソフトウェア等はたくさんあります。是非ＩＴ導入補助金を活用し、導入時の負担を軽減させてスムーズに制度対応してください。

ただし、ここで挙げた対応ソフトウェア等はほんの一例になります。また、すべてのものが対象になるわけではありません。導入検討の際には必ず、導入検討しているＩＴ事業者や専門家に確認をしてください。

７　ＩＴ導入補助金の導入事例

ＰＯＳレジシステムを導入した事例（飲食店）

【課題】

営業時間中は接客や調理等で忙しいため、売上データの集計は閉店後にせざるをえなかった。また、レジ入力と会計システムが別であったため手間がかかっていた。その結果、閉店後のレジ締め作業に負担感があった。

【導入したITツール】

ＰＯＳレジと会計システムを連携させるツール。

【導入効果】

ＰＯＳレジに打ち込まれた売上データが会計に紐づくシステムのため、仕訳作業が自動化し、閉店後のレジ締め作業の時間が大幅に短縮できた。

また、仕訳作業の自動的で締め作業が簡単になり、経験が浅いスタッフでも集計できるようになった。

会計システム・給与計算システムを導入した事例（旅館）

【課題】

会計システムや給与計算ソフトは使用していたものの、違う会社のシステムを使っていたため、データ連携ができず、無駄な作業が発生していた。

【導入したITツール】

同じ会社が提供するクラウド会計システム・給与計算システムに揃えた。

また、銀行信販データ受信機能、複数人が伝票入力できる機能等が備わったシステムを使うことにした。

【導入効果】

会計システムと給与計算システムが連携するようになった。また、銀行信販データの受信機能を活用することで、ネット経由で金融機関から取引データを自動受信でき、仕訳を簡単に計上できるようになった。

複数人での伝票入力が可能になったため、経理・総務の業務時間が短縮された。その結果、業績の把握も即時に可能となり、経営判断のスピードも上がった。

在庫管理システムを導入した事例（飲食店）

【課題】

売上は立っていたが、利益が出ておらず、その原因もわからなかった。

【導入したＩＴツール】

在庫管理システム・会計管理システム。

【導入効果】

売上は立っているのに利益が出ていなかったため、仕入原価が適正でない可能性があった。店長の経験でやってきた在庫管理をシステムにより、客観的なデータに基づき行えるようにした。その結果、材料の廃棄が激減し、原価が減った。

また、売上や顧客情報をデータで管理できるようになったため、顧客ニーズも可視化され、売上も向上した。

マーケティング・分析機能のある在庫管理システムを導入した事例（小売店）

【課題】

在庫管理をベテラン社員の勘に頼っていた。

【導入したITツール】

過去の商品販売データをグラフ等で可視化できる在庫管理システム。

【導入効果】

合理的な需要予測による適切な在庫管理ができるようになった。

在庫情報がリアルタイムに可視化されるため、経営判断のスピードが上がった。システムが、季節やトレンド等のデータをもとに「いつ」「何が」「どれくらい」売れる可能性があるかを予測してくれるため、的確かつ素早い経営判断ができるようになった。ベテランの経験に頼らずとも、誰でも明確な基準をもって在庫管理できるようになったため、不良在庫が減った。

流通管理・在庫管理システムを導入した事例（ECサイト運営）

【課題】

複数のECサイトに同時に出店していたため、商品の在庫状況がリアルタイムに更新できず、受注後に在庫切れが発覚するケースが発生していた。

【導入したＩＴツール】

複数のＥＣサイトの登録情報を一元管理できるシステム。

【導入効果】

１つのシステムで情報を更新するだけで、すべてのＥＣサイト在庫情報が一度に更新できるようになった。

その結果、複数サイトで販売していても、欠品情報がリアルタイムで反映できるようになり、「実は売り切れだった」という状況を回避できるようになった。そして、無駄な顧客対応が減ると共に、顧客満足度の向上にもつながった。

8　ＩＴ導入補助金の対象となるシステムは

ここでは、ＩＴ導入補助金の対象となる代表的なシステムについてご案内します。対象経費は毎年変更になることもありますので、常に公募要領で確認してください。

クラウド会計システム

クラウド会計システムもＩＴ導入補助金の対象になります。

ｆｒｅｅやマネーフォワードを始め、クラウド会計システムはたくさんの種類が販売されています。ＩＴ導入補助金の対象ツールとしても、クラウド会計システムは数百種類存在しています。

すでに会計ソフトは導入しているという企業もかなり多いかとは思いますが、「給与計算システムと連携ができていない」「他の業務システムと連携ができていない」といった課題があるのであれば、ＩＴ導入補助金を利用して、会計およびその周辺業務のシステムを一気に統一化し、業務を効率化してしまうという選択肢もあります。

在庫管理システム

在庫管理システムもＩＴ導入補助金の対象となります。

在庫管理をいちいち手作業で行ったり、実店舗とＥＣサイトでの在庫管理が連携されていなかったりすると、その在庫管理のために使っている時間や労力は馬鹿になりません。

そんな在庫管理をＩＴツールの力で解決してしまえば、業務の効率性はアップします。

また、在庫管理そのものでなくても、適切な在庫管理を行うために売上や顧客属性と行ったデータを掴むツールやニーズをデータに基づいて予測してくれるツールを使うことも効果的です。

グループウェア

グループウェアもＩＴ導入補助金の対象になります。グループウェアというのは、ネットワークを利用して情報共有やコミュニケーションができる、業務効率化ツールのことをいいます。

グループウェアの代表的な機能は次のとおりです。

電子メール・電子掲示板機能・ライブラリ機能（情報・ファイル・画像を仲間内で共有できる）・スケジュール管理機能・ワークフローシステム（システム内で企画書や報告書の決裁ができる）・会議室予約機能・ファイル共有機能（資料や写真の共有ができる）。

ＩＴ導入補助金を使ってグループウェアシステムを導入し、社内の情報共有やコミュニケーションを円滑化すれば、生産性があがり収益力がアップします。

営業支援システム

営業支援システムもＩＴ導入補助金の対象となります。

具体的には、セールスフォース、キントーンといったシステムが有名で、両社とも対象となっています。

セールスフォースはクラウド型の営業支援・顧客管理システムで、導入することで、営業活動の効率化や売上予測の精度アップにつながります。

顧客情報や商談・日々の営業日報の管理等、様々な要望に応えるシステムとなっており、全世界15万社以上の導入実績があります。

また、キントーンは、国内ベンダーのサイボウズ株式会社が提供するデータベース型のクラウドビジネスアプリ作成するツールです。顧客管理や営業支援に関する情報を社内で共有でき、社内の情報共有のスピードアップがはかれます。

ERP

ERPもIT導入補助金の対象になります。

ERPは、「統合基幹業務システム」や「統合業務パッケージ」等といわれるものです。「受注・生産管理・在庫管理・販売管理・会計」といった基幹業務を一元的に管理してサポートすることで、迅速な経営判断を支援するシステムです。

以前には主に大企業のみ導入している傾向にありましたが、最近では中小企業向けのものも多くあり、製造業や流通業、建設業などに特化したシステムも販売されています。

導入のメリットは、すべての業務データ（ヒト・モノ・カネ・期限など）が連携することで作業効率が上がり、ミスも減る事等があげられます。また、経営情報が整理され、課題も見える化するため、スピーディで的確な経営判断も可能となります。

テレワーク導入

テレワーク導入にかかわる費用もIT導入補助金の補助対象になる可能性があります。2021年度においては、「低感染リスク型ビジネス枠」という特別枠の中で、150万円の上限で認められる見込みです。逆に、通常枠では認められない可能性があります。このように、テレワーク導入は、年度によって変わる可能性があるシステムなので、必ず最新の公募要領を確認しましょう。

ＰＯＳレジ

ＰＯＳレジもＩＴ導入補助金の対象になります。

ＰＯＳレジとは、バーコードをスキャンした瞬間、販売情報を瞬時に読み取り、レシートに印刷すると共に、レジ本体にも記録させる機能をもつレジをいいます。顧客管理、商品別の売上管理や分析等、細かく売上を分析することが可能です。顧客情報と購入商品の情報が紐付いているので、販売の傾向がつかめ、リピート客の獲得戦略にも活かすことができます。

また、会計システム等との連携が可能なため、会計作業がスムーズに行えます。

最近では、ｉｐａｄにＰＯＳレジ機能をつけるサービスが主流で、飲食店などでよく見かけられるようになりました。エアレジ・ユビレジといったサービスが有名です。

ＰＯＳレジ自体は従来からありましたが、ハードウェアが高額で、なかなか手を出しづらい面があったのですが、タブレット型になったことで手軽に使えるようになりました。

タブレット型のＰＯＳレジは、タッチ入力式なので、誰にでも使いやすいです。また、来店時の配席やオーダーが自動的に調理場に伝達されますし、会計情報もレジに自動送信されるので、来店から会計まで一連の流れがスムーズになります。

ー
ちなみに、ＰＯＳレジと聞くと、飲食店が真っ先に思い浮かぶとは思いますが、ＰＯＳレジの種類はかなり豊富です。例えば、免税販売や在庫管理機能がついた小売店向けのもの、飲食店対象であっても外国語に対応をした観光地向けのもの、予約管理・カルテ履歴機能がついた美容室やサロンに向けたもの等、こういった多くのＰＯＳレジサービスがＩＴ導入補助金の対象となっています。

レセプトコンピューター（診療明細書作成ソフト）

レセプトコンピューターもＩＴ導入補助金の対象となります。

レセプトコンピューター（略称レセコン）は、医療現場におけるレセプト（診療報酬明細書）を作成するためのソフトウエアをいいます。

従来レセプトの作成は、高度な知識と計算が必要になる煩雑な作業でしたが、医療現場のＩＴ化が始まってすぐに誕生したのがレセコンになります。レセコンの誕生によりこれまでかかっていた労力が飛躍的に改善し、医療事務の業務は大幅に円滑化していきました。

そんなレセコンの導入には百万円単位の費用がかかるといわれていますが、ＩＴ導入補助金を使えば、その負担を軽減することができます。

電子カルテ

電子カルテもＩＴ導入補助金の対象になります。ちなみに、ＩＴ導入補助金は、病院やクリニックも利用可能なのが特徴でもあります。なぜなら、医療法人は対象外といった補助金が多いからです。

電子カルテの導入により、カルテ紛失リスクも減りますし、省スペース化もできます。また、業務も効率化され、スタッフの負担も軽減できます。

ＥＣサイト

ＥＣサイトは原則としてＩＴ導入補助金の対象外でしたが、２０２２年から新設されたデジタル化基盤導入枠において対象となりました。このように、昨年は対象外だけど今年は対象になるといったことも頻繁に起きるのが補助金制度の特徴です。

必ず最新の公募要領で「今年は対象になるのか？」と確認しましょう。ちなみに、通常のＷＥＢサイト制作はＩＴ導入補助金の対象外です（小規模事業者持続化補助金では対象となりえます）。

９　ＩＴ導入補助金の採択率と採択のポイント

ＩＴ導入補助金はブラックボックス

ＩＴ導入補助金は、「有名な補助金の中では一番ブラックボックス」と言われています。なぜなら、ものづくり補助金や小規模事業者持続化補助金等は採択率（合格率）が発表されているのに対し、

ＩＴ導入補助金は採択率の発表がないからです。ちなみに、不採択の理由も教えてもらえません。

ＩＴ導入補助金の採択率

ＩＴ導入補助金の採択率は発表されていないのですが、専門家の間では「5割くらいだろう」という見解が主流です。

また、これは補助金全体に言えることですが、年度の前半のほうが通りやすい傾向にあります。理由は、年度後半になってくると役所の予算がなくなってくるからです。ＩＴ導入補助金に関しても、統計データはありませんが、現場感覚として、年度後半は不採択が多くなってくる印象があります。ですので、申請をお考えの方は年度の前半に申請されることをおすすめします。

ただし、２０２２年から登場したデジタル化基盤導入枠は全体通して8割以上と高い採択率でした。年によって採択率にもばらつきもあります。

ツールによって採択率が違う可能性

申請の現場では「申請するＩＴツールによって採択率が違う」といった感触があります。実際、10件程度、すべて同じツールで不合格になったという事業者さんもおりました。ですので、ＩＴ導入補助金の利用をお考えの方は、ＩＴ導入支援事業者さんに、「このツールの昨年度の採択率はどれくらいでしたか？」と確認してみることで、不採択ツールを見破れる可能性はあります。

ＥＣサイトも代表的経費になってきている

２０２０年のＩＴ導入補助金では「ＥＣサイトの通りが悪い」という情報が散見されました。これは、ＩＴ導入補助金の通常枠では、そもそもＥＣサイトが認められていないといった点も関連していると推測されます。というのも、ＥＣサイトに関しては、新型コロナウイルス対策の特別枠で「例外的」に認められている取扱いのため、その審査に関しても厳しめになっているものと推測されるからです。

しかしながら、２０２２年から新設された「デジタル化基盤導入枠」においては、ＥＣサイトが対象となることが明確に示されました。しかも1次締切回では申請件数こそ６５０件と少ないものの交付決定数が５６６件とおよそ9割弱の申請事業者が採択され、一躍通りやすい申請枠ということで話題にもなりました。その後の申請回においても8割代の交付決定数になり、多くのＥＣサイト作成をしている事業者がＩＴ導入補助金を活用し、自社のサービス導入を推進しました。

なお、こういったＩＴツールの細かい運用に関しては、年度によって状況が大きく変わってくるため、最新の公募要領をご確認の上、専門家に相談してみることをおすすめします。

採択のポイント①（形式ミスをなくす）

当たり前じゃないかなんて思われるかもしれませんが、実際結構ミスは多いです。なぜなら、ＩＴ導入補助金は、電子申請でパッパッと入力できてしまうため、ミスが発生しがちだからです。にもかかわらず、一度申請してしまうと、訂正することができません。

ですので、「どんなに軽微なミスでも落とされる」という認識のもと、きっちり申請することが採択のポイントとなります。

そういったことから、「第三者に申請を確認してもらう」というのはとても大事です。行政書士等の専門家に依頼する手段もありますし、もし依頼しないとしても、あえて紙に印刷する等して、必ず複数人の目でチェックしてから申請することをおすすめします。

採択のポイント②（自社の課題に合ったＩＴツールを選ぶ）

ＩＴ導入補助金の審査項目のとして、「自社の経営課題を理解し、経営改善に向けた具体的な問題意識をもっているか」「自社の状況や課題分析及び将来計画に対し、改善すべき業務プロセスが導入するＩＴツールの機能により期待される導入効果とマッチしているか」という点があります。

ですので、自社の課題感と合うツールをしっかり選ぶことがＩＴ導入補助金の採択のためには重要です。

採択のポイント③（賃上げをする）

年にもよりますが、賃上げを表明することで加点となる年があります。ですので、会社の財務状況と相談して、余裕があるのであれば、ＩＴ導入補助金の申請とあわせて賃上げをしてくのも手段としてはあります。

合格のポイント（ローカルベンチマークを意識する）

ローカルベンチマークとは、経済産業省が推奨する企業の経営状態を把握するためのツールです。ロカベンとも呼ばれ「企業の健康診断」を行うためのツールとして、経済産業省が力を入れています。

具体的には、「参考ツール」を活用して、「財務情報」（６つの指標※１）と「非財務情報」（４つの視点※２）に関する各データを入力することにより、企業の経営状態を把握することで経営状態の変化に早めに気付き、早期の対話や支援につなげていくためのツールです。

（※１）６つの指標：①売上高増加率（売上持続性）、②営業利益率（収益性）、③労働生産性（生産性）、④ＥＢＩＴＡ有利子負債倍率（健全性）、⑤営業運転資本回転期間（効率性）、⑥自己資本比率（安全性）

（※２）４つの視点：①経営者への着目、②関係者への着目、③事業への着目、④内部管理体制への着目

経済産業省としては、ローカルベンチマークの普及を図るため、ＩＴ導入補助金にも導入を検討しています（２０２０年度では導入されませんでした）。そのため、今後ローカルベンチマークが必須となる可能性がありますし、仮に必須とならなかったとしても、ローカルベンチマークの項目を意識して申請することが採択率アップのためには重要です。

10 ＩＴ導入補助金の実績報告・効果報告

実績報告とは

ＩＴ導入補助金は、合格しただけでは入金されません。補助金の原資は税金のため、「ちゃんと計画通りに使ったのか?」といった観点でのチェックが入ります。そのチェックが、「実績報告」です。

ですので、補助事業が完了した後は、実績報告を定められた期間内に行う必要があります。なお、期限内に実績報告が行われなかった場合、補助金がもらえなくなります。

２０２２年度の実績報告の流れは次のとおりでした。なお、申請の流れが変わる可能性もありますので、必ず最新の公募要領をご確認ください。

引用元：「事業実施・実績報告の手引き」(https://www.it-hojo.jp/r03/doc/pdf/r3_completion_manual.pdf)

【図表31 交付決定から実績報告の流れ】

実績報告の報告内容

実績報告の内容としては、次のようなものを報告します。

【図表 32　実績報告の流れ】

事業実施・実績報告の手引き　通常枠（A・B類型）　セキュリティ対策推進枠　デジタル化基盤導入類型

4−2 ▶ 実績報告の流れ

実績報告は以下の流れで行います。以下の流れのとおり、「申請マイページ」「IT事業者ポータル」を用いて、契約・納品・請求・支払情報を事務局へ報告してください。

実績報告の流れ

添付ファイルは10MB未満の「.jpg」「.jpeg」「.png」「.pdf」形式のみ対応しています。

補助事業者から開始し、IT導入支援事業者が入力した後、補助事業者が提出します。

1	補助事業者	申請マイページへログインし、実績報告を開始します

▼

2	補助事業者	提出が必要な書類を添付します

▼

➢ 必要な書類を全て添付してください。書類の添付は補助事業者が行います。

3	補助事業者	補助金受け取り口座情報の入力・添付をします

▼　▲ 修正依頼

➢ 補助金を受け取る口座の情報を添付可能な形式のファイルで準備し、画面に従って、必要項目の入力・添付をしてください。

4	IT導入支援事業者	補助事業者の添付書類、入力内容を確認します

➢ IT事業者ポータルへログインし、「補助事業者が添付した書類」「口座情報の入力内容」「添付した口座情報の内容」を確認してください。

※修正がある場合、補助事業者へ修正を依頼してください。

5	IT導入支援事業者	契約・納品・請求・支払情報の入力をします

▲ 修正依頼

➢ 契約・納品・請求・支払情報を画面に従って入力してください。

6	補助事業者	SMS認証を行い、実績報告を提出します

➢ 報告内容を確認し、SMS認証を行い、事務局へ提出をしてください。

7	事務局	事務局にて確定検査を行います

➢ 確定検査では、「実績報告内容の確認」と「口座情報の確認」を別々に行います。 それぞれの検査で不備や確認事項等がある場合、事務局から補助事業者へ不備訂正の差し戻しや連絡を行いますので、対応してください。
また、必要に応じて現地検査・ヒヤリング等を行うことがあります。
（差し戻しや連絡は各検査窓口から行いますので、数回に分かれる場合があります。）

●契約内容　●納品内容　●請求内容　●支払い内容　●補助金受取口座情報

なお、これらの報告事項には証拠資料が求められます。ですので、補助事業を行っている段階から、実績報告を見据えた上での契約・発注を行う事が後々重要となってきます。

例：請求書・請求明細書の記載必要事項

①請求日　②請求元情報　③請求先名　④請求金額（合計）　⑤ＩＴツール名（製品名）

⑥ＩＴツール（製品）数量　⑦ＩＴツール（製品）金額

効果報告

効果報告とは、一定期間経過後の導入効果の報告のことです。

実績報告を行うと、事務局の検査が行われます。その検査に問題が無ければ、補助金額が確定し、補助金が交付されます。

これで晴れて補助金が入金されるわけですが、すべて終わったわけではありません。なぜなら、「効果報告」があるからです。つまり、事業実施後も業務効率化等その導入効果を一定期間経過後に報告しなければならないのです（効果報告）。

複数年にわたり報告がする必要がある申請枠もある点は押さえておきましょう。

第5章　ものづくり補助金

1　ものづくり補助金って何？

ものづくり補助金とは

ものづくり補助金とは、設備投資を補助してくれる補助金です。ものづくり補助金を理解するには、２つポイントがあります。それは、①製造業だけが対象ではないという点と②革新性が必要になるという点の２点です。

製造業だけじゃない！

「ものづくり」という名前のため「製造業だけ？」と思われがちですが、正式名称が「ものづくり・商業・サービス・生産性向上促進補助金」という事もあって、製造業以外でも使えます。ですので、「新商品・試作品を開発したい！」「新たな生産ラインを導入したい！」といったニーズはもちろん、サービス業であっても「他社にない新サービスを立ち上げたい！」というチャレンジをするのであれば、ものづくり補助金を活用できる可能性はあります。

具体的な事例としては、「避難所向け水循環型シャワーの開発（新商品の開発）」、「作業の見える化ができる生産管理システムの導入（新たな生産方式の導入）」、「仮想通貨の取引システムを構築する（新サービスの開発）」といったチャレンジが対象となってきます。

ただし、あくまでも設備投資のための補助金ですので、サービス業の方であっても機械やシステム等への設備投資は必要となります。

「革新性」が必須！

ものづくり補助金のエントリーを考える場合、最大のネックとなるのが「革新性」になります。なぜなら、革新性がないとものづくり補助金には合格できないからです。つまり、単なる設備の更新や増設といった投資では、革新性がないため、間違いなく不合格となるということです。

となると、「革新性って何？」といった疑問が出てくるかと思います。この「革新性」というのは、①自社にとって新しい取り組みであり、②他社でも一般的ではなく、③地域・業種内における先進事例にあたる取り組みの事をいいます（①から③全て満たす必要があります）。

そのため、「当社初」では足りず、「業界初」「地域初」といったレベル感の新しさが必要となります。少なくとも「この地域の同業種の中では新しい取り組みで、実際この設備を持っている同業者はいない」といった新しさは必要となります。

ものづくり補助金の目的

ものづくり補助金の目的は、「中小企業の革新的チャレンジを支援する」ということにあります。

つまり、働き方改革・被用者保険の適用拡大・インボイス導入といった激しい社会変化の中でも、

「自社のサービスや商品を革新して生き残り続けてやる！」といった意気込みをもつ中小企業を支援するのが、ものづくり補助金の目的になります。

こういった背景があるため、「革新性」が合格するためのポイントとなっています。

ものづくり補助金の補助額・補助率と特別枠

最近のものづくり補助金は、「補助上限額1250万円・補助率1／2」というのが原則となります（小規模事業者は補助率2／3）。そして、その年の情勢によって、別枠が設定されます。

例えば、「回復型賃上げ・雇用拡大枠」といった業況が厳しい中で賃上げや雇用拡大する事業者を支援する別枠が設定され、補助率がアップする申請枠が増える年もあります。

具体的には、通常なら補助率1／2のため「2000万円の投資で1000万円補助される」というところ、特別に補助率が2／3までアップし「1500万円の投資で1000万円補助される」といったように、手厚い特別枠が設定される場合もあります。

その他にも、「グローバル市場開拓枠」「デジタル枠」「グリーン枠」といった特別枠が登場する年もあります。

ちなみに、「グローバル市場開拓枠」というのは、海外での事業展開に関する設備投資を補助するタイプになります。海外事業の強化が目的になりますので、比較的大きめの会社や国際的業務の会社が活用するケースが多いかとは思います。なお、補助金の上限は3千万円で補助率は1／2となっています（小規模事業者は２／３）。また今までＪＡＰＡＮブランド育成補助金という名前で存在していた海外販路開拓向けの補助金が２０２３年からものづくり補助金の「グローバル市場開拓枠」に統合されました。

また、「デジタル枠」は、ＤＸ（デジタルトランスフォーメーション）に関わる革新的な製品・サービスなどに投資した際に支援を行う制度として新設されました。補助金上限は従業員数に応じて最大１２５０万円となっています。

さらには「グリーン枠」という温室効果ガスの排出削減に関する取り組みなど必要な設備投資を支援する制度も新設されています。

なお、特別枠は年によって変わる可能性がありますので、最新の公募要領をご確認ください。

大幅な賃上げで補助上限引上の特例もある！

２０２３年のものづくり補助金では、大幅な賃上げをする事業者に対して、従業員数によって補助上限を引き上げてくれる特例が新設されています。

例えば、通常枠で従業員が21人以上の事業者の場合は、補助上限額は１２５０万円になりますが、大幅な賃上げ（基本要件である地域別最低賃金＋30円以上の水準とすることと合わせて、事業場内最低賃金を毎年年額＋45円以上に増額すること）をすることなど一定の条件において、さらに最大１０００万円の補助上限額の引き上げがされます。

つまり、1250万円＋1000万円の最大2250万円の補助金を受け取れる可能性が出てくる有利な制度です。こういったことから、戦略的に申請することも、ものづくり補助金の申請においては重要となってきます。

2　ものづくり補助金の3つの難点

申請までに至らない難題

ものづくり補助金は補助額が1000万円ということもあって、関心がある会社は多いです。ただし、大半の会社は合否以前に申請まで至らないのが現実です。

なぜなら、次の3つの難点があるからです。つまり、①事業計画書の作成が大変、②革新性を出すのが難しい、③賃上げ要件が厳しい、こういった難点が立ちはだかるため、申請までたどり着けず諦めてしまう会社が多いのが実情です。

難題①事業計画書の作成が大変

社長さんの頭の中には様々なアイデアがあります。ですが、そのアイデアをそのまま事業計画書に書き出しても補助金の合格は難しいです。なぜなら、補助金に合格するためには、「定められた記載欄の中で、得点項目をふまえながら、ストーリー立てされた、わかりやすい申請書を書く」という作業が必要となるからです。

ちなみに審査員は、得点項目を踏まえながら、1通10分程度で審査をしていると言われています。そのため、「読みにくいなー」と思われた時点で不合格まっしぐらとなります。

とはいえ、補助金申請に慣れていない会社さんが、「審査員が満足する事業計画書」を書き上げるのは現実的に厳しい面があります。そういった背景もあってか、最近のものづくり補助金では、士業の関与率があがってます。

その結果、全体の申請書レベルが上がってしまい、より競争が厳しいものとなっています。ですので、自社の人的リソースを踏まえ、「うちじゃ無理だな」と判断されるようであれば、最初から士業に相談してしまったほうが合理的な場合もあります。

難題②革新性を出すのが難しい

ものづくり補助金は「革新性」がないと審査に通りません。しかも、この「革新性」のハードルが結構高いのです。

この「革新性」というのは、「自社にとって新しい取り組みで、他社でも一般的ではなく、地域・業種内の先進事例（自社の商圏や業界の中での先進事例）にあたるもの」と言われています。ですので、「世界初！」とはいかなくても「業界初」「地域初」くらいのレベル感は必要ということになります。

とはいえ、中小企業が「業界初」の設備投資をするのは、現実的になかなか厳しいです。そのため、この「革新性」がハードルとなってしまい、ものづくり補助金へのエントリーをためらってしまう会社さんが多いのです。

ちなみに、製造業はわりと「細かい技術にフォーカスすることで革新性がアピールしやすい」といった傾向にあります。それに対し、商業・サービス系は、「面白い！　そんなのあるんだー！」と見た人をうならせるスケール感が必要なため、なかなか「革新性」を打ち出しにくい現状があります。こういった面もあり、「ものづくり補助金の合格業者は製造業が圧倒的に多い」というのが現実です。

難題③賃上げ要件がネックになる場合もある

募集される年によりますが、ものづくり補助金では「賃上げ要件が必須」となる場合があります。つまり、ものづくり補助金をもらうためには、「全従業員・役員の給与支給総額を、３年間にわたり、年率１・５％以上アップさせなければならない」といった要件が課され、「それを達成できないと補助金が返還させられてしまう」という場合があります。

そのため、会社の規模感によっては「補助金もらうよりも給料負担の方が大きい」といったケースもあり、ものづくり補助金へのエントリーを見送るケースもあります。

ちなみに、経済状況にもよりますが、不況時に賃上げ要件必須となると、申請者が減少する傾向にあります。ですので、不況でも儲かっていたり、財務的な体力がある会社にとっては逆にチャンスだったりもします。

補助金はある意味、会社の命運をかけた取り組みとも言えるわけです。

3　ものづくり補助金のメリット・デメリット

ものづくり補助金は国から高額なお金がもらえる補助金ですが、メリットだけでなくデメリットもあります。場合によっては、「こんなことなら補助金なんてもらわなきゃよかった」なんてこともあります。そうならないためにも、「事前にデメリットも把握したうえで申請する」というのが重要です。

ものづくり補助金のメリット

まず、メリットですが、「返済不要のため、少ない資金で設備投資ができる」という点につきます。ものづくり補助金に採択されれば、設備投資にかかる費用の1／2（小規模事業者は2／3）が最大1250万円まで補助されます。しかも、融資と違い返済不要です。

こういった財務面がものづくり補助金の最大のメリットとなります。

ものづくり補助金のデメリット

とはいえ、ものづくり補助金にはデメリットもあります。それは、①補助金は後払いなのでキャッシュフローが悪化する、②事務手続が大変（特に採択後）、③補助金につられムダな投資をしてしまうケースがある、といった点です。以下、順に説明していきます。

デメリット①／補助金は後払いなのでキャッシュフローが悪化する

補助金は基本的に後払いです。しかも、申請して合格しただけではもらえません。ざっくり言っても、「申請→採択（合格）→事業実施→実績報告→国の検査」といった流れを経た上で、ようやく入金されます。

そのため、申請から入金まで少なくとも1年程度かかってしまいます。ですので、2000万円の設備を買った場合、まず全額自社で立て替える必要があります。その上で、1年後くらいに補助金で1000万円戻ってくるといった感じです。

こういった流れだからこそ、キャッシュに余裕がないと補助金は難しいですし、自社のキャッシュフローをきっちり見極めてから補助金に取り組まないと、「お金が回らず黒字倒産」なんてことになりかねません。

なお、国もこの辺を意識しているため、「財務的な余裕がない企業は合格させない」という傾向になります。債務超過や連続赤字の会社は、ものづくり補助金には合格しにくい傾向があります。

ちなみに、「補助事業に取り組むお金は銀行融資でまかなう」というやり方もあります。ものづくり補助金には「ｐｏファイナンス」という仕組みがあります。

これは、金融機関からのつなぎ融資のための制度で、補助金交付決定額を債権化し、金融機関に譲渡することで、補助金が支払われるまでの間、金融機関からのつなぎ融資が受けられやすくなる仕組みです。こちらを上手く使ってキャッシュフローを整えながら、補助金にとりくまれるのもよいでしょう。

デメリット②／事務手続が大変（特に採択後）

ものづくり補助金は、採択（合格）しただけでは終わりじゃありません。むしろ、合格後の事務手続のほうが大変です。

というのも、採択された後は、まず２度目の申請（交付申請）が待っています。これは、「事業としての合格は認めたけど、補助対象経費として適正かどうかは再度チェックさせてもらいますよ」といった段階です。そのため、場合によっては経費内容の細かいやり取りが発生し、事務局から補正指示がきます。役所のルールに従うので、「(中身は変わらないのに）経費の費目を変えるだけ」といった細かい点も指摘されます。

その後も、契約、請求、検収といった経理事務も、証拠を残しながら適切に処理していく必要があります。役所のルールなので、民間の方からすると「ここまでやらなきゃいけないの」というくらい細かく感じるでしょう。

さらに、「実績報告」という補助事業の内容や結果を報告する作業も発生します。こちらも詳細なレポートが必要となり、大変細かいです。

また、国の検査が終わり入金された後も、その後数年間は、売上等を報告する義務があります。

このように採択後（合格後）の事務は大変ですし、採択後にこそトラブルが多いのが補助金です。

つまり、「これは補助対象経費じゃありませんので落としてください」「見積と違う型番の設備なので補助金は認められません」「それは変更に当たるので変更承認申請をしていないと補助金は認められません」など事務局からの指示が飛び交い、トラブル対応に追われるのも採択後（合格後）が多いのです。こういった背景があるため、「補助金に合格はしたんだけど、色々あって、結局、入金まで至らなかったんだよね」という会社さんも結構多いんです。

だからこそ、「補助金は合格後の事務が大変だ」という実情を把握した上で、補助金申請にのぞまれることをおすすめします。


デメリット③／補助金につられムダな投資をしてしまうケースがある

これはものづくり補助金に限らないのですが、「補助金がほしい！」という気持ちばかりが先行してしまう会社さんは多いです。ですが、このマインドですと、たとえ補助金に合格したとしても、事業の成功は難しいでしょう。

なぜなら、「どういった事業展開をしたいのか？」「現状はどういう状況で、どんな課題があるのか？」「その課題解決のために補助金を使うのが有効なのか？」という流れの上で補助金を使わないと、事業が失敗しがちだからです。

例えば、「1億円の補助金をもらったけど、補助金ありきで事業を組み立てたため、結局、事業が上手くいかず、廃業に追い込まれた」なんてケースもありました。

補助金はあくまでも手段です。目的は「事業を成功させること」です。

「１０００万円もらえます」と言われると、ついクラッと判断がゆがんでしまい、不必要な投資をしてしまいがちです。

ですが、こういった「経営判断のゆがみ」につながりがちなのが、補助金のデメリットでもあります。あくまでも目的は「事業の成功」ですので、この点はしっかり押さえて補助金を申請するか否かをきっちり判断されることをおすすめします。

4　ものづくり補助金の流れと手続の注意点

ものづくり補助金はいつ応募できるの？

ものづくり補助金はいつでも申請ができるわけではありません。「公募スケジュール」が決まっているため、決められた期間に申請する必要があります。

例えば、２０２０年度は5回の募集がありました（募集時期は、毎年変わるため、必ず最新の公募要領をご確認ください）。

また、通常枠以外に、特別な申請枠が公募される場合、申請時期がそれぞれ異なる可能性がありますので、その点にも注意が必要です。

申請の流れ

ものづくり補助金の申請は、次のような流れになっています。

①公募（※公募要領をしっかり読みましょう）

←

②事業計画書を作成（※ここが合否のわかれ目となります）

←

③電子申請（※事前にＧビズＩＤの取得が必要です）

←

④事務局にて審査

←

⑤採択通知（※事業として採用されるか否かの合格発表）

←

⑥交付申請（※ここで補助金額が減ることもあります）

←

⑦交付決定（※ひとまずの補助金の交付が決定します。ただし、この後に事業をしっかり行い、報

告をきっちりしないと入金されません）
↓
⑧補助事業期間（※契約、発注等はこの段階からになります）
↓
⑨実績報告（※補助事業が終わり次第、事務局に報告します）
↓
⑩確定検査（※検査の結果、入金される補助金額が確定します）
↓
⑪補助金入金
↓
⑫補助事業の状況報告（※補助金交付後も数年間、状況を報告する必要があります）

採択後に説明会がある

採択後、だいたい２週間程度を目安に、補助事業についての説明会が各都道府県で開催されます。この説明会において、事業完了までの各種手続や準備するについての説明が行われます。また事業者の個別ヒアリング会のような事も行われます。

ものづくり補助金の原資はいわずとしれた税金です。その税金を無駄にするようなことがあってはいけないので、この説明会やヒアリング会では、「正しく効果的に補助金を使用してください」といったアナウンスや「このようなことはしないでください。このような事はダメです」というような諸注意を受けることも多々あります。

また個別のヒアリングでは、採択を受ける際に申請した事業計画書についても聞かれます。必ず事前に申請した補助事業の内容について、把握するようにしておきましょう。

補助金は申請が2回ある！（交付申請の話）

補助金を実際に交付してもらうためには、採択通知（合格通知）を受けた後に、さらに交付申請をしなくてはいけません。

「合格した後にまた申請するの？」と思うかもしれませんが、最初の申請はあくまでも「補助金がもらえる事業として認めてください」という「事業計画オーディション」のような位置づけです。その上で、（オーディションに通った事業の中で）、「じゃあ実際いくら補助金を出すのか」を決めるのが交付決定となります。そして、そのための申請が交付申請（2回目の申請）ということになります。

交付申請では、更なる補助対象経費の審査が行われます。「事業としては認めたけど、これって補助対象経費じゃないよね？」といった観点で審査がなされるため、「期待していた補助金額よりも交付決定で減らされてしまった」ということもあり得ます。

交付申請が遅れると事業が終わらなくなる

交付申請に時間がかかってしまうと、補助事業実施期間が短くなり、事業を完了させるのが困難になる場合があります。なぜなら、「採択発表日から１２か月以内に事業を終えないと補助金はもらえません」というルールがあるからです（期間設定は年によりますので、最新の公募要領をご確認ください）。

ですので、「やった！補助金に合格した！」となったら、速やかに交付申請をしないと、補助事業期間中に設備の取得や稼働ができず、結果的に補助金をもらえなかったなんてことになりかねないため、速やかに交付申請を行いましょう。

契約は交付決定後にしなきゃダメ！（重要）

補助金交付申請をして、問題がなければ補助金の交付が決定され、事務局から交付決定通知書が届きます。

この「補助金交付決定通知書」を受領した日から正式に補助事業を始めることができ、正式に設備等の発注ができるようになります。

逆に言うと、「交付決定をもらった後でしか契約はしちゃいけない。それを破ると補助金はもらえない」ということになります。よく「この設備買ったけど補助金は出るかな？」という相談をいただくことがありますが、「補助金は交付決定後に買った物じゃないともらえない」という大原則があるため、残念ながら「先に買った物は補助金をもらえませんよ」という回答にならざるを得ません。

繰り返しになりますが、「交付決定前に契約してしまい補助金がもらえなかった」というケースは多いです。ですので、行政書士等士業に申請書の代行を依頼する場合でも、必ず契約時期については注意するようにしましょう。

実績報告が必要

補助事業が終了したら、実績報告書を作成して提出する必要があります。この報告書には、補助対象経費の支払いなどのお金の流れや、補助事業期間中の実際の取り組み内容などを記載する必要があります。なお、実績報告書の作成も、結構負担感があります。

ですが、きっちり報告をしないと補助金がもらえませんので、社内の担当者を決めるなどしてしっかり取り組みましょう。

確定検査に合格してやっと入金

補助事業実績報告書を提出した後に、補助金事務局から確定検査を受けます。実績報告書の内容に沿って補助期間中の取り組みや事業成果を説明し、場合には現場確認に同行することもあります。

確定検査に無事合格し、実績報告書にも問題がなければ、補助金の金額が確定します。そして、確定した金額を事務局に請求することで、補助金の入金を受けることができます。

入金後も定期的に報告が必要

晴れて無事に補助金が入金された場合でも、まだ事務手続があります。つまり、事業化状況報告として、事業完了後数年間は毎年報告する義務があるんです。

補助金は合格してからも大変

補助金は申請段階で事業計画書をつくるのも大変ではあるのですが、「合格してからの方が大変」という面もあります。

そのため、「こんなに大変なら補助金なんてもらわなきゃよかった」とぼやく社長さんもたくさんいます。ですので、事務手続が大変というデメリットを把握の上、「いかに合格後の事務手続きが簡素化するか」という視点で補助対象経費を組み立てたり、社内の事務スタッフに補助金に関する教育をしたりする等の施策も、無事に入金までたどり着くためには必要となってきます。

5　ものづくり補助金の対象者は

ものづくり補助金の対象は中小企業

ものづくり補助金の主な対象者は、中小企業（個人事業主含む）です。

大事な点は、「人数要件・資本金要件がある」ということ。つまり、「業種ごとに定められた人数要件 or 資本金要件を下回らないと、ものづくり補助金にはエントリーできない」というルールがあるということです（中小企業要件）。

具体的には、図表33のとおり中小企業法で定義されています。

【図表33　対象となる中小企業の範囲】

製造業その他	資本金の額又は出資の総額が3億円以下の会社又は常時使用する従業員の数が300人以下の会社及び個人
卸売業	資本金の額又は出資の総額が1億円以下の会社又は常時使用する従業員の数が100人以下の会社及び個人
小売業	資本金の額又は出資の総額が5000万円以下の会社又は常時使用する従業員の数が50人以下の会社及び個人
サービス業	資本金の額又は出資の総額が5000万円以下の会社又は常時使用する従業員の数が100人以下の会社及び個人

みなし大企業に注意！

ものづくり補助金には、「みなし大企業」というルールがあり、大企業の子会社等は申請できません。

具体的には、いわゆる子会社（発行済み株式の１／２以上を同じ大企業が保有）はもちろん、「（１つの大企業の子会社ではなくても）大企業が２／３以上株をもっている」、「大企業兼務の役職員が１／２以上いる」、「大企業の孫会社にあたる」といった場合も、ものづくり補助金のエントリーができませんので、注意が必要です。

補助事業実施期間中にもみなし大企業ルールが及ぶ

「大企業との合併の話がでている」といった組織再編の話が出ている場合、ものづくり補助金の受給資格を失う可能性がありますので、特に注意が必要です。

というのも、「ものづくり補助金の補助事業実施期間中、ずっと中小企業に当てはまっている必要がある」というルールがあるからです。

ですので、ものづくり補助金に通った後に、大企業と合併してしまうと、せっかく通った１０００万円の補助金がもらえなくなってしまったということになります。注意しましょう。

もし大企業との合併の話が出ているのであれば、その点も踏まえた補助金戦略が必要となります。

特殊法人はＮＧ

ものづくり補助金に申請できる法人の形態は、会社（株式会社、有限会社、合同会社等）が基本となります。つまり、財団法人・社団法人・医療法人・社会福祉法人といった特殊法人は、ものづくり補助金に申請できないということになります。なお、ＮＰＯ法人（特定非営利活動法人）に関しては、要件を満たせば対象になる可能性はあります。

ちなみに、個人事業主はものづくり補助金にエントリー可能です。

「医療法人」は特に注意が必要！

お医者さんが「個人事業主」としてやられている分には、ものづくり補助金の補助対象になります。ですが、医療法人は対象外です。

この点は本当に注意が必要です。というのも、「ものづくり補助金の補助事業実施期間中ずっと医療法人になってはいけない」というルールがあるからです。つまり、申請段階で個人のクリニックだとしても、途中で医療法人になったら、仮に補助金に合格していたとしても、補助金はもらえなくなってしまう、ということなんです。

「ものづくり補助金にエントリーしたいけど、医療法人化も検討しているんだよね」といったお医者さん等は、士業と相談の上、スケジューリングをきっちり管理する必要があります。

6　ものづくり補助金の主な要件

必要となる主な案件

ものづくり補助金にエントリーするためには、通常、次のような要件が必要となります（※毎年ルールが変わるため、必ず最新の公募要領をご確認ください）。

ここでは主な要件について解説します。具体的には、①補助事業実施期間内に納入して稼働までもっていけること（発注・納入・検収・支払等のすべてを合格後10か月以内に終えること）、②賃上げ計画等を作成し、従業員に表明していること（例：給与支給総額の年率平均1・5％以上増）、③補助事業の実施場所（工場や店舗等）を「申請時点」で確保していること、といった要件について解説していきます。

要件①補助事業実施期間内に納入して稼働までもっていけること（最重要）

補助金には「事業実施期間」という締切があり、その間に事業を完了させなければいけません。ざっくり言ってしまうと、「交付決定日（補助金額が決定した日）から10か月以内に補助金で買った機械を稼働させ、補助事業を終える必要がある」というルールです。

つまり、「設備の発注・納入・検収・支払等のすべての事業手続」を補助事業実施期間内（10か月）

に終えなければいけないということです。

ちなみに、この「10か月」という期間が具体的にどのくらいの期間に設定されるかは、年によって変わる可能性がありますので、必ず最新の公募要領をご確認ください（公募要領の中で真っ先に確認すべきところでもあります）。

なお、期間の延長は認められておりませんので、事業実施期間内に終わらなかった場合、補助金はもらえなくなります。

こういった期限がありますので、「補助事業期間内に納品できるか？」といった調整を納品業者と事前につめておく必要があります。なぜなら、事前調整をしておかないと、「せっかく補助金に合格したのに、期限が守れなかったから補助金はもらえなかった」なんて悲劇が起きるからです。

以上のように、補助金には「締切」がありますので、「この機械は、期限までに納品できないリスクが高いな」といった場合、最初からものづくり補助金の利用をやめておいたほうが賢明かもしれません。

要件②賃上げ計画等を作成し、従業員に表明していること

ものづくり補助金には、「賃上げ計画等を作成し、従業員に表明していること」といった要件が入ってくる場合があります。つまり、「給与支給総額・年率1・5％以上アップが必須で、それを従業員にちゃんと表明していないと、ものづくり補助金にはエントリーできませんよ」といったルールが

設定される場合もあるということです。

なお、この賃上げ要件は、年によって扱いが変わるので、最新の公募要領が発表された際、「今年は賃上げ要件あるのかな？」という視点で真っ先にチェックすることが大事です。なぜなら、賃上げ要件が必須の場合、「設備投資する以上に賃上げ負担が大きかった」といったケースも従業員数によってはありえるからです。

なお、「ものづくり補助金に合格したけど、賃上げ要件を満たせなかったよ」といった場合、補助金は返還となりますのでご注意ください。

要件③補助事業の実施場所（工場や店舗等）を申請時点でもっていること

ものづくり補助金は、申請時点で「補助事業の実施場所（工場や店舗等）の確保していること」が必要となります。あくまでも「申請時点で工場や店舗が必要」ということになりますので、工場もろとも新規に立ち上げる場合は、スケジューリングに注意して申請しないと失格となってしまうので、注意しましょう。

通常枠以外の申請枠特有の要件にも注意

回復型賃上げ・雇用拡大枠ですと、基本の要件に加えて（1）前年度の事業年度の課税所得がゼロ以下であること、（2）常時使用する従業員がいること（3）補助事業を完了した事業年度の翌年度の3月末時点において、その時点での給与支給総額の増加率が1・5％、事業場内最低賃金が地域別最低賃金＋30円以上の水準の増加族表を達成することなど特別な要件が加えられています。

こういった通常枠以外の申請枠特有の要件もありますので、公募要領が発表された際、きっちり確認するようにしましょう。

7　ものづくり補助金の対象となる経費

補助金がもらえる経費

ものづくり補助金の補助対象経費（補助金がもらえる経費）としては、次のような経費が認められています（年によって変わるので、必ず最新の公募要領をご確認ください）。

具体的には、①機械装置費②システム構築費③技術導入費④専門家経費⑤運搬費⑥クラウドサービス利用費⑦原材料⑧外注費⑨知的財産権等関連経費といった経費です。

さらに特別枠などでは、感染防止対策費（コロナ特別枠）・海外旅費（グローバル展開型）といった経費が認められることがあります。

なお、ものづくり補助金は「設備投資のための補助金」ですので、「必ず50万円以上の機械装置等が必要」という要件が課されます。

ここでは、対象となる経費についての決まりなどを理解しながら読み進めてください。

経費のルール（原則）

経費として認められるためには、①：区分経理が必要（通常の事業と補助事業の経理を分ける）、②：経費の証拠保存が必要、③：交付決定日以降に発注・補助事業期間内に支払い完了しなければならない（原則）、といったルールがあります。

最も大事なのは、「③：交付決定日以降に発注・補助事業期間内に支払いが完了しなければならない」というルールです。これはつまり、「交付決定後（補助金に合格後）に買った物でないと補助金はもらえない」というルールです。

ちなみに、このルールはものづくり補助金のみならず、補助金に共通する大原則となりますので、必ず押さえておきましょう。

経費支払時期の例外

新型コロナウイルス対策の経費等、たまに経費支払時期の例外が認められるケースがあります。つまり、「補助金合格以前に買った物についても、さかのぼって経費として認められる」という例外です。

ただし、例外ケースに当たるためには「事前着手の承認」が必要という要件が課されることがありますので、必ず公募要領をチェックしましょう。

ちなみに、これはものづくり補助金に限りませんが、補助金の公募要領を読む際、「経費がさかのぼれる例外はないかな？」という視点でチェックしておくと、「あっ！　補助金使えるじゃん！」といった発見があったりしますので、結構大事です。

なお、地方自治体の補助金では、国と比較すると経費の遡及（補助金合格前に買った物）の例外が認められる傾向にあります。ですので、ご自身の地元の補助金は必ずチェックしておき（都道府県・市町村共に）、上手く情報をキャッチするのが大事です。そうすることで、「この補助金使えば、この間買った設備にお金が出るじゃん！」といった発見があり、会社のキャッシュフローを楽にしてくれることもあり得ます。

支払方法は銀行振込みが原則

補助金を使って買う物に関しては、銀行振込みが大原則となります。例外的に、クレジットカードが認められるケースもありますが、「支払時期だけでなく、引き落とし時期も補助事業実施期間中でなければならない」といったルールが課されることが通常です。ですので、銀行振込み以外の支払方法を利用する場合は、必ず最新の公募要領を確認するようにしましょう。

自社製造物でものづくり補助金はもらえるか？

「機械装置を自社で製作して、製造費用にものづくり補助金をもらう」ということも理論上可能ですが、全くおすすめできません。

たしかに、ものづくり補助金はメーカーさんが利用するケースが多いので、「自社でつくったものに補助金が出るの？」といった質問を受けることがよくあります。ですが、この質問に対しては、「制度上できますが、経理処理がメチャクチャ大変なのでやめたほうがよいです」とお答えしています。

なぜなら、機械をつくるための部品１つひとつについて、請求書や契約書等の細かい証拠書類をはじめ、検品等役所のルールに準じた細かい事務処理が必要となるからです。

実際、ものづくり補助金で自社製造をした社長さんからは「こんなことなら自社製造なんかするんじゃなかった」という声が聞かれます。

こういった補助金に採択された後の事務負担を踏まえると、自社製造物へのものづくり補助金の利用は、全くおすすめができないんです。

中古も可能ではあるが相見積もりが必須

中古の機械設備も補助対象経費の対象とはなります。ただし、「３社以上の中古品流通事業者から、型式や年式が記載された相見積もりを取得することが必要」といったルールが課されます（細かいルールは最新の公募要領をご確認ください）。

ですので、中古品の購入を検討の場合、「相見積もりは大丈夫か？」といった点をクリアしてから、申請することをおすすめします。

8　ものづくり補助金の採択率と注意点

ものづくり補助金の過去の採択率は図表34のとおりです。大体30％から50％となっています。

【図表34　採択率】

年度	申請件数	採択数	採択率
平成30年度1次	17,275	9,518	55.1%
平成30年度2次	6,355	2,471	38.9%
令和元年度1次①	1,111	332	29.9%
令和元年度1次②	14,927	7,468	50.0%
令和2年度1次	2,287	1,429	62.5%
令和2年度2次	5,721	3,267	57.1%
令和2年度3次	6,923	2,637	38.1%
令和2年度4次	10,041	3,132	31.2%
令和2年度5次	5,139	2,291	44.6%
令和2年度6次	4,875	2,326	47.7%
令和3年度7次	5,414	2,729	38.9%
令和3年度8次	4,584	2,753	50.4%
令和3年度9次	3,552	2,223	62.6%

年度初めのほうが高採択率の傾向がある

どの補助金にも言えることですが、補助金は「年度前半のほうが採択率の高い傾向」にあります。

なぜなら、予算に余裕がある年度前半のほうが、採択数を多く出せるからです。

また、年度後半になるに従い、補助金情報が広まっていき、申請件数が増え倍率が激しくなる傾向もあります。

こういった背景があるからこそ、専門家とつながり、最新の補助金情報をキャッチし、できれば年度の早いうちに申請をしてしまうのがおすすめです。

特別枠のほうが高採択率の傾向

新型コロナウイルス対策用の「低感染リスク型ビジネス枠」といった特別枠が募集される年もあります。こういった特別枠は採択率が高くなる傾向にあります。

なぜなら、補助金は政策に左右されるからです。つまり、国として「こういう会社にお金を出したい」というニーズがあり、そこに合致する会社のほうが通りやすいからです。

例えば、コロナ対策であれば、飲食店やスポーツジム等、コロナに苦しんでいる業種を優先的にサポートしたいといった国の政策意図は少なからず感じられます。

こういったことから、「この補助金に関して、自社は業種的に国の方針にフィットしているのだろうか？」といった観点で、補助金へのエントリーを判断することも大事です。

ものづくり補助金・採択率の注意点①（申請までたどりつけない会社も多い）

ものづくり補助金においては、「申請までたどりつけなかった会社が結構ある」という点に注意が必要です。

なぜなら、ものづくり補助金は申請書の作成がハードです。そのため、たとえ革新性がある良い事業モデルだったとしても、「申請書が書ききれず、結局、申請までたどりつけなかった」という惜しい会社さんも多いんです。

こういった背景がありますので、「自社で申請書を書くのは人員的に無理だな」と判断されるのであれば、早めに行政書士をはじめとした士業等の専門家に相談してしまうのも検討するべきでしょう。

ものづくり補助金・採択率の注意点②（採択率が急に変動する）

これもすべての補助金に言えることですが、補助金の採択率は急に変動します。

例えば、ものづくり補助金の過去の採択率表をみても、一番低い採択率は29・9％、逆に一番高い採択率は62・6％と大きな開きがあります。

ちなみに、なんでこんなに変動してしまうかというと、補助金には予算の上限があるからです。そして、年度後半になるにつれ予算がなくなっていく傾向にあります。

だからこそ、早めに行動し、年度前半のうちに申請してしまうことが補助金では大事です。

9　製造業以外のものづくり補助金の採択事例

過去の採択事例

「ものづくり補助金にはどんな事業が採択されているの？」「採択率はどのくらい？」といった疑問があるかと思います。ここでは、過去の採択事例・採択率について紹介をしていきます。

ちなみに、「ものづくり補助金」という名前から「製造業だけが対象」と思われがちですが、実際に採択された業種は様々です。

たしかに、次の図表35の通り、補助事業者の過半数は製造業ではありますが、医療・福祉業界や情報通信業、サービス業、その他にも農業などでも採択事例はあります。こちらでは、製造業以外の業種での採択事例をご紹介します。

引用元：ものづくり補助金総合サイト　データポータル（http://portal.monodukuri-hojo.jp/dataportal.html）

①飲食業でのものづくり補助金活用イメージ

地方のラーメン店におけるものづくり補助金活用事例です。地元民などから愛されていたラーメン屋さんでしたが、「食べたくても地元に帰って食べられない」といったようなニーズがあったため、通販事業を開始していました。

【図表 35　ものづくり補助金の実績報告】

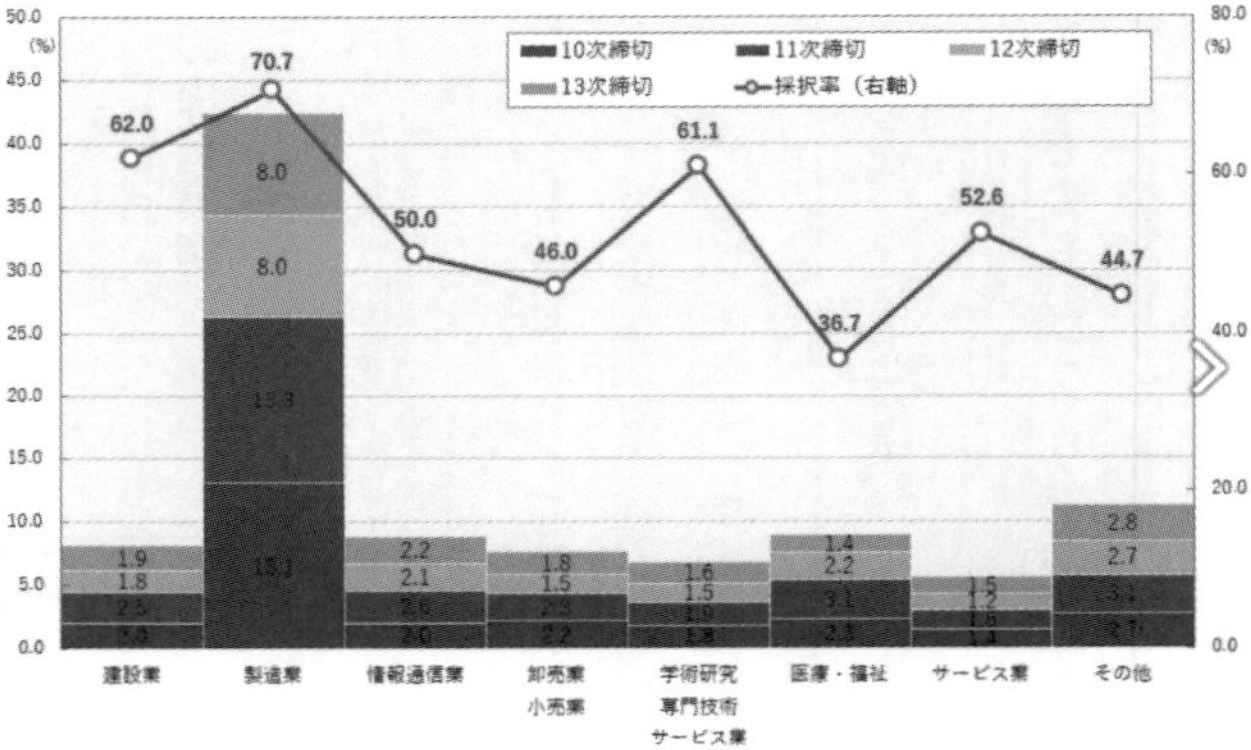

しかし、「スープの長期保存ができない」「大量生産ができない」といった課題を抱えていました。それでも自社で工夫し、「常温で冷まし、瓶のような容器に詰め替えて発送する」という方法をとっていたものの、品質面での心配があるといった課題を持ち続けていました。

そこで、ものづくり補助金を使って「卓上型真空包装機」と「液体凍結機」を導入しました。

「卓上真空包装機」を使うことで、高温の液体もすぐに真空パックにできるため、品質を落とさずパック詰めすることができるようになりました。また、「液体凍結機」でスピード凍結することで、旨味成分を逃さず冷凍前と同品質で保存することができるようになりました。

こういった設備投資により、通販における生産性が大幅に向上、品質を落とさず長期保存が可能となりました。

その結果、「長期保存が可能でポータブル」という強みを獲得できたため、ふるさと納税や地域のイベントでも販売が可能となりました。

②情報通信業でのものづくり補助金活用イメージ

ＩＴ企業での補助金活用例です。この会社はアプリ開発に新規事業として取り組んでいました。具体的には、「自社ＡＲ（拡張現実）技術を活用し、対象物をスマホで撮るだけで、観光情報が表示される」といった観光情報アプリです。

開発当初は、「インターネット接続で使えるアプリ」を想定していました。しかし、通信網がないエリア（発展途上国・海上など）では圏外で使えないといった課題がありました。そこで、オフラインでも使えることを目指し、独自ＡＲ技術の特許を取得しました。

もっとも、開発コストが多大となる事から、補助金を活用することとしました。その結果、「自社のＡＲ技術を使った訪日客向けの避難誘導システム」を作ることができました。このシステムは、災害の際、近くの避難所・避難場所がわかるアプリです。

そして、避難所までの距離、避難所の標高も表示され、案内自体も矢印で直感的にわかる仕様となっているため、訪日客のような土地勘がない外国人でも利用できる物でした。しかも、インターネット接続はいらず、スマホのＧＰＳ・コンパス機能のみで動く仕様となっていました（通信圏外でも安定利用が可能）。

その上、観光情報アプリとして全国の名所など約2万５０００件のデータを収録しており、２０カ国語にも対応していました。

このように、革新性がある事例であれば、製造業以外のシステムへの設備投資でも、ものづくり補助金が採択される可能性はあります。

10　ものづくり補助金が採択されるためのポイント

ものづくり補助金の採択率は40％程度。（年により採択率は変動あり）しかも、行政書士等の士業が関与しているケースも多く、採択される難易度は高めです。こちらでは、少しでも採択率を上げるための対策をお伝えします。

対策①／「革新性」をしっかりアピールする

ものづくり補助金の審査は、「技術面」「事業化面」「政策面」の3項目にわかれます。その中の「技術面」に「革新性」というものがあり、審査員はこの「革新性」を重視する傾向にあります。

「革新性」というのは、①自社にとって新しい取り組みであり、②他社でも一般的ではなく、③地域・業種内における先進事例にあたる取り組みのことを言います（①から③すべて満たす必要があります）。

この「革新性」をいかに説得的に事業計画書でアピールできるかが勝負の分かれ目となってきます。

対策②／加点項目をできる限り増やす

ものづくり補助金には、例年「加点項目」が設定されています。この加点項目をとっておくことが採択への近道となります。ちなみに、最近は競争率が激しくなってきたため、「加点項目を最低1つはとっておかないと厳しい」と言われています。

なお、加点項目は毎年変更されるので、必ず最新の公募要領を確認し、スケジュールをしっかり立てて加点項目をとっておくことが重要です。

次より例年よく設定される加点項目について解説します。

・成長性加点

経営革新計画の承認をうけている事業者に加点がつく年は多いです。

なお、経営革新計画とは、「新事業活動」や「経営の相当程度の向上」を図ることを目的に作る中期経営計画書の事をいい、国や都道府県に計画を申請し、承認を受ける必要があります。

年によっては経営力向上計画等他の計画でも加点となります。ですので、「どの認定なら加点となるかな？」という視点で最新の公募要領を確認することが重要です。

・政策加点

創業・第二創業間もない事業者（5年以内）への加点です。このように、たしかに創業者には加点はつきます。しかし、創業間もない会社には「本当に補助金もらって事業を実行できるの？」という内部体制や財務面への疑いの目がもたれています。

ですので、「しっかりやれますよ」という説得的説明をしないと、加点があったとしても合格は難しい傾向にあります。

・災害等加点

事業継続力強化計画の認定をうけると加点になる年があります。

事業継続力強化計画とは、中小企業が策定した防災・減災の事前対策に関する計画を経済産業大臣が認定する制度です。認定を受けた中小企業は、税制措置や金融支援、補助金の加点などの支援策が受けられます。その一環で、ものづくり補助金にも加点となる年があります。

・賃上げ加点

「従業員への給与支給総額を年率平均2％以上上昇、かつ、最低賃金プラス60円以上」なら加点となるといった年もあります。つまり、「年率1・5％以上の賃上げはエントリーに必須だが、更なるアップをするなら加点しますよ」といった制度設計です。

なお、賃上げ加点を使う場合、「従業員に表明して、従業員の代表に承認させる」というプロセスが必要となります。

そして、もし賃上げが達成できなかったら補助金は返還しなければなりません。

・ワーク・ライフ・バランス等の推進の取り組み加点

いわゆる女性活躍推進法では「えるぼし認定」という制度があります。その認定を受けている事業者は加点対象になります。また、いわゆる次世代法では「くるみん認定」とよばれる認定制度がありますが、その認定を受けている事業者も加点対象となります（詳しくは公募要領を確認ください）。

電子申請なので形式ミスに注意！

以前は紙での申請だったため、書類の不備があった場合、事務局から連絡が来ることもありました。しかし、直近は電子申請になったため、形式ミスでの連絡が来ない傾向にあります。

そのため、添付書類の不備など、形式ミスにより不採択となったり、加点がもらえなかったりする可能性があります。

そうならないためにも、社内でダブルチェック体制をひいたり、あえて紙に打ち出してチェックしたりといった工夫は重要です。

11　ものづくり補助金の「革新性」とは

革新性の考え方

ものづくり補助金は「革新性」がないと合格しません。そのため、「単なる設備更新」「設備の追加」では革新性がないため、ものづくり補助金はもらえません。

この「革新性」の考え方については、ものづくり補助金を管轄する中小企業庁の担当者が次のように発言しています。つまり、「革新性」というのは、①自社にとって新しい取り組みであり、②

他社でも一般的ではなく、③地域・業種内における先進事例にあたる取り組みのことです（①から③すべて満たす必要があります）。

いくら「当社比」ですごい技術だとしても、革新性は認められません。地域内の同業種で既に行われている技術であれば、先進的な設備だったとしても、革新性は認められないこととなります。

なお、革新性はあくまでも「相対的」なものと考えます。そのため、仮に他業界では当たり前の技術だったとしても、自社を取り巻く業界において、「そんなことできるんだ！」といったサプライズが発生するのであれば、「革新性あり」といえることになります。

革新性の見つけ方

ポイントは「お客さんからの難しい要望に応えられるか否か」です。つまり、お客さんからの難題に応える設備投資であるといえれば、「革新性」が認められる方向に進みます。

例えば製造業では、「もっと小さくしてほしい」「もっと耐熱性を高くしてほしい」「もっと強度をあげてほしい」といった無理難題が元請け会社から日々突きつけられます。そういった難題に対し、「この設備を入れれば応えられる！」ということであれば、「革新性あり」という方向に進みます。

なぜなら、元請け会社からの難しい要求は、他の下請け会社も対応できていないからこそ発生するのであって、その難題に応えられる設備投資にあたるのであれば、同エリア同業種における先進事例にあたる可能性が高いからです。

製造業の「革新性」のイメージ

製造業はサービス業と比べて「革新性が出しやすい」と言われています。なぜなら、細かい技術にフォーカスすることで、生産性アップや品質向上をアピールしやすいからです。

例えば生産性アップであれば、「今回の設備を導入することで、複雑な形状部品の一体加工が可能となり、納期を早められる」といったイメージです。

その他生産性アップにつながるキーワードとしては、「24時間生産体制の実現」「社内一貫体制の実現」「翌日納品化」「非熟練工でも熟練工に匹敵する生産効率の実現」「同じ時間でも倍以上の生産数量の実現」「同じ従業員数でも倍以上の生産数の実現」といったものが挙げられます。

また品質向上であれば、「今回の設備投資により、それまで人が行っていた加工を機械化でき、ヒューマンエラーが撲滅される」といったイメージです。

その他品質向上につながるキーワードとしては、「非熟練工でも熟練工並みの品質が達成した」といったものがあげられます。

サービス業等の「革新性」のイメージ

サービス業の「革新性」は、「あっと驚くスケール感」があればベストではありますが、実際はなかなか難しいです。現実的には、細かい要素に着目してアピールするといったアプローチにならざるをえません。

例えば鍋の素なら、「スーパーで売ってる一般的な鍋の素に入っていない素材を、この設備投資をすることで封入できるため、先進的である」とアピールするイメージです。

またＡＩ技術なら「普通のチャットボットが反応できない言葉について、今回のシステムなら、最新のＡＩ技術を備えているため、対応できるから先進的である」とアピールするイメージとなります。

12　ものづくり補助金が不採択となる理由

不採択理由

ものづくり補助金の採択率は約40％です。さらに言うと、合否以前に申請までたどり着かないケースもたくさんあります。こちらでは、経験則に基づく不採択理由（エントリーまでたどり着けないケース含む）をご紹介します。ちなみに、正式な不採択理由は公表されていません。

不採択理由①／単なる設備の更新・追加

ものづくり補助金には「革新性」が必要となるため、単なる設備の更新・追加では合格できません。ですので、「単に設備を新しくしたい」といった理由であれば、申請自体が無駄になる可能性が高いので、やめておいたほうが無難です。

なお、そういった場合は、エネルギー系の補助金等、他の設備投資に使える補助金を選択肢にいれたほうが賢明です。

不採択理由②／競争劣位の解消にしかなっていない

競争劣位の解消とは、自社がライバルに出遅れている場合に、追加投資をすることで解消することを言います（マイナスから０に戻す状況）。この場合は、「革新性」が全くないので、ものづくり補助金には合格できません。

不採択理由③／事業内容に具体性がない

事業計画の根幹は「誰に」「何を」「どのように」売るかという枠組みです。こういった枠組みができておらず、抽象的なことしか書かれていない事業計画書は不採択となります。

市場分析や競合分析等をしっかり行い、「どういう事業で、なぜ成功するのか」といったことを具体的に計画書に落とし込む必要があります。

不採択理由④／実現可能性がない

ものづくり補助金はチャレンジを応援する補助金ではあるのですが、チャレンジのベースとなるスキルやノウハウに疑いがあると、仮に革新性が認められるケースだとしても、「でも、実現可能性がないよね」と不採択となりがちです。

なぜなら、ビジネスにおいては必ず競合がいる以上、自社にノウハウが全くない状態での勝負では「それじゃ競合には勝てないよね」と審査側に判断されてしまうからです。

不採択理由⑤／自社の強みが生かしきれていない

社内の共有システムや営業管理システム等、どこの企業が導入してもオリジナリティが出にくい投資では、ものづくり補助金に合格しにくいです。なぜなら、「他社でも一般的でない」という点での革新性が打ち出しにくいからです。

不採択理由⑥／リストラを表明してしまった

最新の設備投資をして生産性がアップすると、人員に余裕が生まれ、リストラの話になりがちです。リストラも企業経営においては合理的な選択かもしれませんが、「補助金合格」の観点から考えると、おすすめできません。

なぜなら、国が補助金を出すニーズとしては、「雇用の確保」がふくまれているからです。申請書においては、「生産性が向上して人員が浮くため、新規事業にチャレンジする」といったように、リストラの流れにならない書き方が必要となってきます。

不採択理由⑦／財務状況が悪い

債務超過、2期連続赤字といった財務状況が悪いケースも厳しいです。

また、会社の規模に対して投資が過大である場合も難しいです。

なぜなら、補助金は後払いのため、財務状況が悪いと融資が下りず、補助事業に取り組めない可能性があるため、それなら最初から不合格にしておこうという考えがあるからです。

不採択理由⑧／内部体制が脆弱

少人数の企業等、社内体制が整っていないケースも不採択となりがちです。なぜなら、事業計画の実行に疑問を持たれるからです。

実際、ものづくり補助金の審査項目にも「社内外の体制」というキーワードが出てきます。

ちなみに、社内の人間が少なかったとしても、社外ネットワークをアピールすることで、補助事業への取り組みの実効性を担保することは可能です。

不採択理由⑨／創業直後である

補助金は「創業半年は通りにくい」と言われています。なぜなら、社内体制の観点から、補助事業の実現可能性に疑義がもたれがちだからです。

とはいえ、同業他社からの創業等、経験豊富なケースもありますし、創業の形態は様々ですので、一概には言えない点でもあります。

13　ものづくり補助金申請書の書き方のコツ

ものづくり補助金の審査員は、大量の申請を短時間でさばいています。だからこそ、「中学生でもわかる」といった方向で、ストレスなく読める工夫が大事です。

また、あくまでもビジネスの話になりますので、「本当に税金を投じた投資を回収できるの？」という根拠を数字で語ることが重要です。

申請書では、いくらでも内容を膨らませることは現実的にできてしまいますが、それでは採択後に事業が上手くいかないなどの弊害が出てきますので、くれぐれもお気を付けください。

文字だけでなく、図表やグラフなどを盛り込んで作成する

ものづくり補助金は申請をした後、当然審査員の審査を受けることになります。申請数は毎回かなりの件数が申請されますので、審査員が申請1件を審査する時間というものは限られています。

ですので、読み手側（審査員）の立場を踏まえると、字ばかり並んだ文章だと上手く理解してもらえない可能性が高いです。

そのため、事業計画書には、文字だけでなく、図表・イラスト・写真・グラフ等を活用し、わかりやすく、読みやすくなる工夫をする必要があります。

例えば、製造業であれば、製造現場の写真や、現行品と補助金活用後の製品の違いがわかる比較イメージ図等があると、だいぶ印象が変わり読みやすくなります。

審査員はいろんなジャンルの人がいる

審査員は、技術面（2人・技術士等）・事業化面（2人・中小企業診断士等）・政策面（中小企業庁の職員）といった構成だと言われています。

このように様々な審査員がいる以上、審査員も必ずしも申請者の業界に詳しいわけではありません。業界用語を使っても通じませんし、難しい言葉も使うべきではありません。「素人が読んでもわかる」といったレベル感で、誰が読んでもわかる事業計画書をつくりあげる必要があります。

２列構成で見やすくするのも効果的

筆者がよく行う書き方は、「2列構成で縦に楽に読める」というやり方です。

具体的には、次のとおりです。

①ワードで「挿入」タブ、「表」（縦1・横2列）ボックスをつくる

②表の左上に十字をクリック（表全体を選択）

③選択状態で右クリック（表のプロパティ）

④「表」タブの下段に「線種とページ罫線と網掛けの設定」を選ぶ

⑤左列の「罫線なし」を選ぶ（表の枠が点線になり、印刷しても見えなくなる）。

この状態で、左側に本文、右側に写真を入れて構成すると、縦に楽に読めるレイアウトとなります。

数字で実現可能性を示す

ものづくり補助金の事業計画書は3年から5年の事業計画で、「付加価値額が年３％以上向上、給与支払総額年1・5％以上向上、事業者内最低賃金が地域最低賃金の＋30円以上」というような具体的数字で目標値が設定され、この数字が申請条件にもなっています。

審査ではこの数字的目標が実現可能であることを説明しなくていけないので、「補助金を活用し、設備を導入して生産性を向上させ、売上を上げる」といった抽象的な記載ではいけません。あくまでも数字で語ることが重要です。

「売上5％向上、不良率10％低減、付加価値により客単価500円向上」といった投資回収の実現性を徹底的に数字の根拠を持って示しましょう。

具体的な数字の記載は、審査員に実現しそうと思わせることができるテクニックとも言えます。

ニーズ（失注している状況）を示す

ものづくり補助金は、新商品の開発がテーマとなるケースが多いです。その際、審査員が感じることは「本当にニーズあるの？　売れるの？」といった疑問です。この疑問に根拠をもって答える必要があります。

そこで、説得力が増すのが「既にオーダーをいただいているが、サービスが提供できず失注してしまっている」という見せ方です。なぜなら、「失注している」ということは、「ニーズがある」ということなので、投資の回収可能性が高まる根拠となるからです。

なお、もし具体的な失注はないとしても、「アンケートをとる」などして、新商品のニーズの証拠をなるべく整えることが補助金合格のためには重要です。

ストーリーで語る

採択される申請書をつくるために、ストーリーを構成することが大切です。なぜなら、ストーリーがない中、なんら関連性がない情報を羅列されても、審査員は理解できないからです。

とはいえ、所定の欄に、審査項目を満たしながら、読み手が理解できるストーリーを構成するのはなかなか難しいことではあります。

はたして、ものづくり補助金において求められるレベルのストーリー構成とはどのようなものなのか？　見ていくことにしましょう。

ものづくり補助金で求められるストーリー

ものづくり補助金の申請書のストーリーにおいては、①経営者が中長期的に目指す自社ビジョンと一貫していること、②自社の強みを活用できていること、③顧客ニーズがあること、という３点を押さえておくことが重要です。

その上で、「この３つを満たす革新的チャレンジである」ということを示し、「この開発のために設備投資が絶対必要だ」という流れで構成しましょう。

なお、こういったストーリーを書く前提として、自社の技術や製品をしっかり分析し、強みや弱点、競合を把握しておくことが大事です。

14　ものづくり補助金の実績報告とは

実績報告は事務局の確認が必要

ものづくり補助金の支給を受けるためには、申請して合格するだけではダメです。定められた補

【図表36　ものづくり補助金の実績報告】

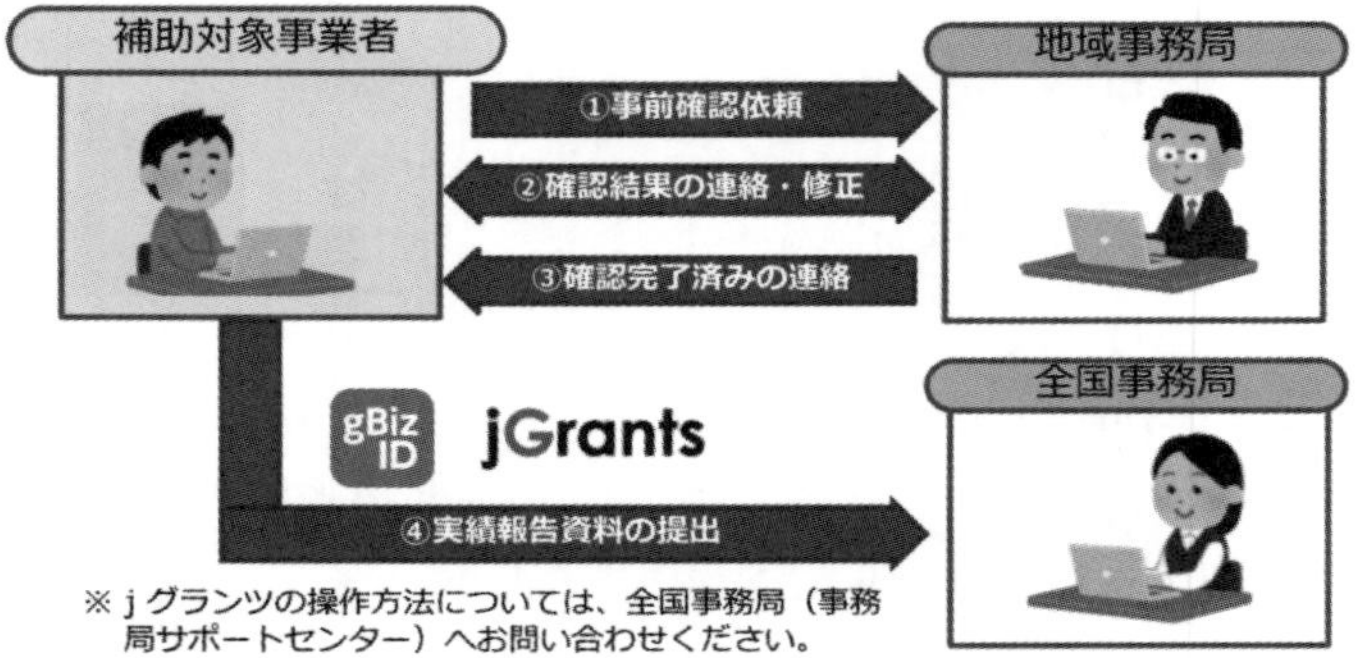

助事業実施期間内に事業を終了させた後、実績報告を行い、事務局から確認を受け、ようやく補助金が入金されます。

補助金の支給を受けるまでは長い道のりが待っています。ただし、長い道のりではありますが、あと一歩であるとも言えます。もう一踏ん張りだと思いながら、取り組みましょう。

そもそも実績報告とは

そもそも実績報告とは、採択された補助事業が完了した後、その内容と成果を記載した「実績報告書」や、補助金請求に必要な、事業実施にかかった費用の証拠書類をまとめて「実績報告資料」として事務局に提出することです。

なお、実績報告はすべて電子ファイルによってオンライン提出をする必要があります。内容も多く間違いが起こりやすいことから、まずはメールで地域事務局からチェックを受けて、その後オンラインで本提出をするという方法をとることになります（図表36）。

【図表 37　実績報告資料】

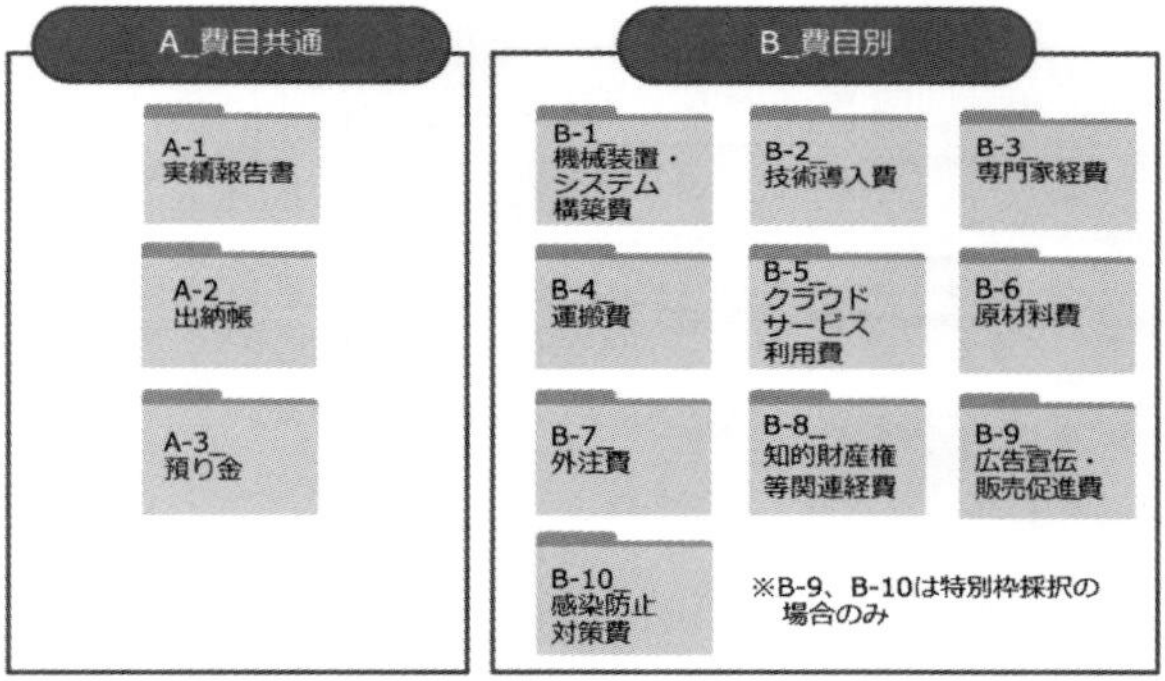

引用元：ものづくり補助金実績報告書作成マニュアル（http://portal.monodukuri-hojo.jp/common/bunsho/ippan/1st/hojo/hojo_jisseki_manual_1015.pdf）

実績報告書は実績報告資料の中の１つの書類

実績報告資料は、実績報告書以外にも費用の証拠資料などの資料も含まれています。そして、実績報告資料はまず大きく「費目共通」「費目別」で作成するものに分けられ、実績報告書はその中でも費目共通の中の1ファイルという位置づけです（図表37）。

実績報告資料作成の一連の流れの中では、証拠資料の整理、金額面の整理に続いて行われる、事業の内容面の整理作業にあたります。

引用元：ものづくり補助金実績報告書作成マニュアル（http://portal.monodukuri-hojo.jp/common/bunsho/ippan/1st/hojo/hojo_jisseki_manual_1015.pdf）

【図表 38　補助事業報告書の書き方①】

（様式第６の別紙１）

補助事業実績報告書

１．事業計画名

２．事業実施期間
開始　令和　年　月　日　※事前着手の承認を受けた場合は、以下に承認日を記載
完了　令和　年　月　日　（事前着手承認日：令和　年　月　日）

３．補助事業の主たる実施場所
住　所：（〒　－　）
事業所名：

４．実施した事業の概要とその成果（１００文字程度。詳細は７．（１）で記載してください）

５．事業分野（Ａ又はＢのいずれか一つの□を選択）
Ａ：□新商品（試作品）開発　□新たな生産方式の導入
該当する技術分野に☑を付してください（複数選択可）。

□デザイン	□情報処理	□精密加工	□製造環境
□接合・実装	□立体造形	□表面処理	□機械制御
□複合・新機能材料	□材料製造プロセス	□バイオ	□測定計測

Ｂ：□新役務（サービス）の開発　□新たな提供方式の導入
該当する取組分野に☑を付してください（複数選択可）。

付加価値の向上	□新規顧客層への展開	□商圏の拡大	□独自性・独創性の
	□ブランド力の強化	□顧客満足度の向上	□価値や品質の見える化
	□機能分化・連携	□ＩＴ利活用	
効率の向上	□サービス提供プロセスの改善	□ＩＴ利活用	

６．実施した補助事業の具体的内容とその成果
（１）実施した事業の内容及び得られた成果
（注）技術的課題とその解決について取り組んだ内容を含めて具体的に記載してください。

Point 1　開始日

ｊグランツ内で確認可能な『交付決定通知書』の右上の日付以降かつ最初の発注日以前とします。

事前着手の承認を受けている場合は、事前着手承認日も記載します。この場合、開始日は事前着手承認日以降かつ最初の発注日以前とします。

Point 2　各種類型

交付申請書と同じ類型にチェックします。

＜ｊグランツ内で確認可能な交付決定通知書イメージ＞

通知者　全国中小企業団体中央会　会長　森　洋

本文　令和2年10月2日

殿

全国中小企業団体中央会　会長　森　洋

令和元年度補正ものづくり・商業・サービス生産性向上促進補助金に係る

補助金交付決定通知書

独立行政法人中小企業基盤整備機構が、中小企業生産性革命推進事業の一環として実施する当補助金

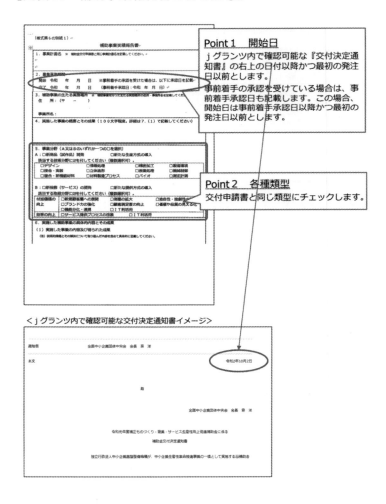

【図表 39　補助事業報告書の書き方②】

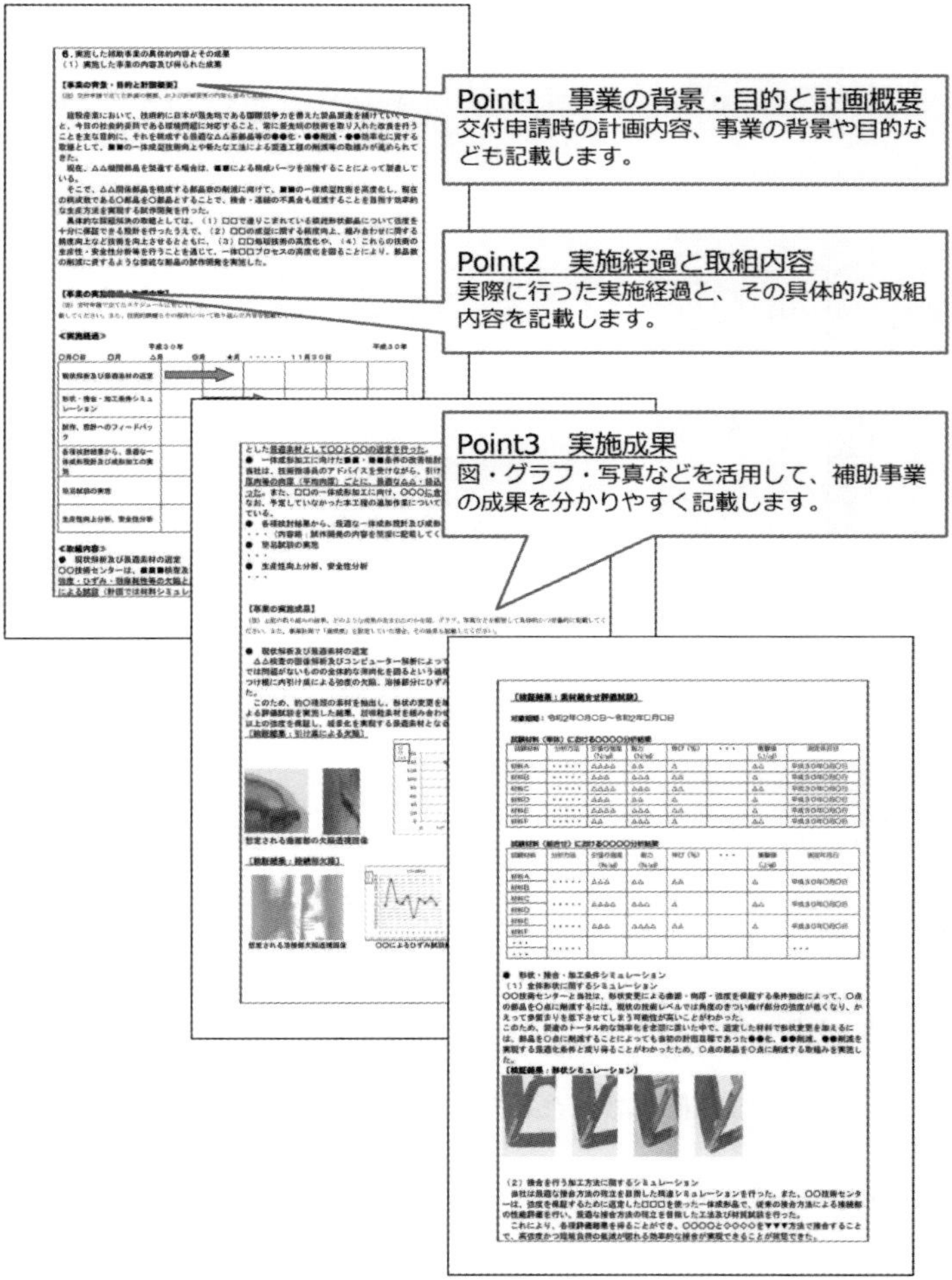
Point1　事業の背景・目的と計画概要
交付申請時の計画内容、事業の背景や目的なども記載します。
Point2　実施経過と取組内容
実際に行った実施経過と、その具体的な取組内容を記載します。
Point3　実施成果
図・グラフ・写真などを活用して、補助事業の成果を分かりやすく記載します。

【図表 40　補助事業報告書の書き方③】

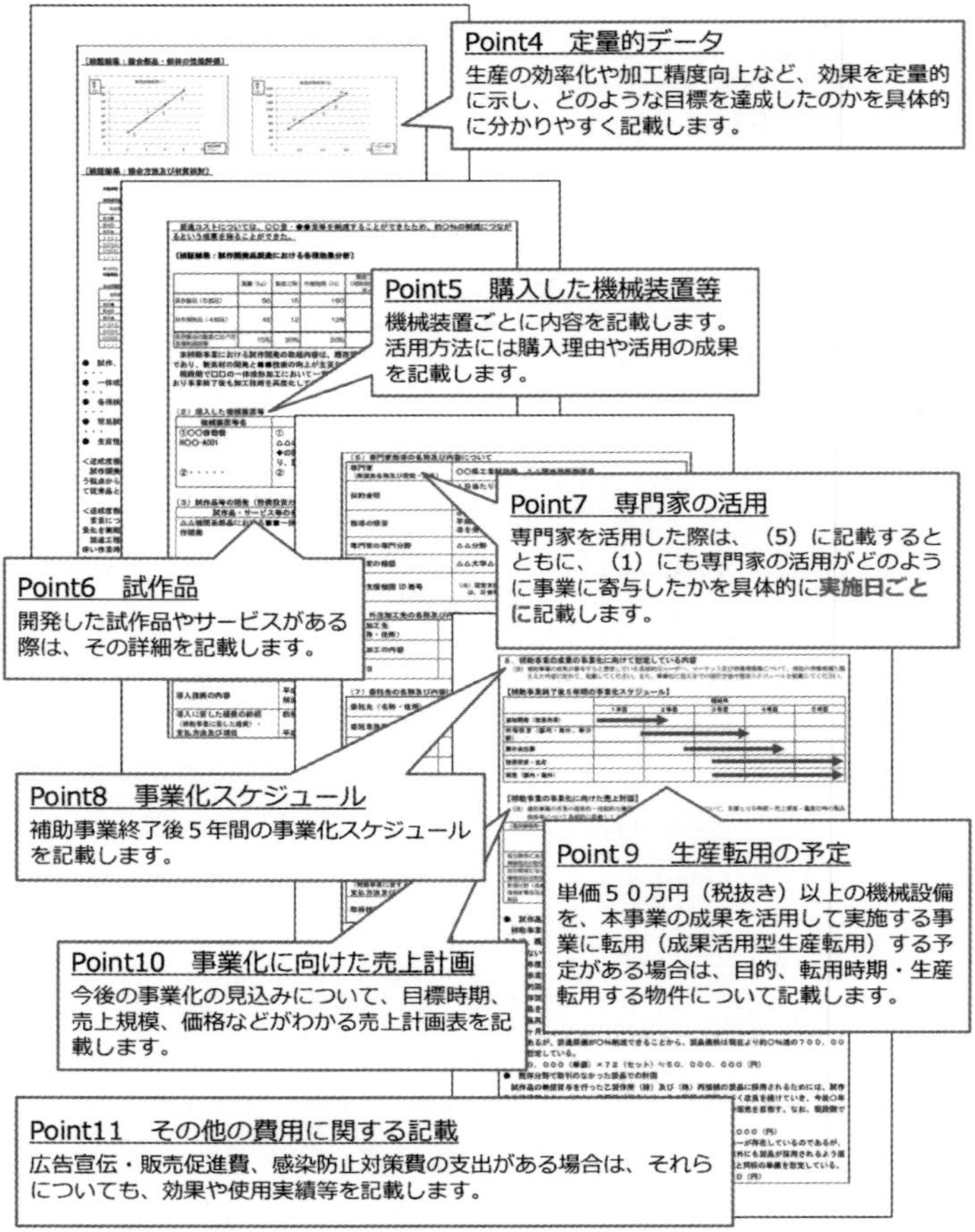

Point4　定量的データ
生産の効率化や加工精度向上など、効果を定量的に示し、どのような目標を達成したのかを具体的に分かりやすく記載します。
Point5　購入した機械装置等
機械装置ごとに内容を記載します。活用方法には購入理由や活用の成果を記載します。
Point7　専門家の活用
専門家を活用した際は、（5）に記載するとともに、（1）にも専門家の活用がどのように事業に寄与したかを具体的に実施日ごとに記載します。
Point6　試作品
開発した試作品やサービスがある際は、その詳細を記載します。
Point8　事業化スケジュール
補助事業終了後５年間の事業化スケジュールを記載します。
Point９　生産転用の予定
単価５０万円（税抜き）以上の機械設備を、本事業の成果を活用して実施する事業に転用（成果活用型生産転用）する予定がある場合は、目的、転用時期・生産転用する物件について記載します。
Point10　事業化に向けた売上計画
今後の事業化の見込みについて、目標時期、売上規模、価格などがわかる売上計画表を記載します。
Point11　その他の費用に関する記載
広告宣伝・販売促進費、感染防止対策費の支出がある場合は、それらについても、効果や使用実績等を記載します。

実績報告書の中身メインは「実施した補助事業の具体的内容とその成果」

実績報告書の中身は図表38～図表40のとおりです。メインは「実施した補助事業の具体的内容とその成果」です。

引用元：ものづくり補助金実績報告書作成マニュアル（http://portal.monodukuri-hojo.jp/common/bunsho/ippan/1st/hojo/hojo_jisseki_manual_1015.pdf）

「実施した補助事業の具体的内容とその成果」について

まず抑えておく前提としては、ものづくり補助金はただ設備投資等を支援するものではなく、策定された計画の実施を支援し、その手段として対象設備の導入費用を金銭的に支援するものです。そのため、①まず計画があり、②それに対してどのような取り組みをし、③結果的にどのような成果があったか、といった視点で報告書も作成しなければなりません。

「実施した補助事業の具体的内容とその成果」の構成

①当初の計画内容

ここでは、土台となる計画について記載します。どのような計画概要であったかを記載するとともに、申請後に何か計画に変更があった場合はその変更内容についても記載します。

また、計画実行時にはどのようなスケジュールで計画を進め、どのような成果を得ることを目的にしたのかについても記載をします。この箇所は、交付申請の際の計画を要約したものといったイメージとなります。

②実際に行った取組み内容

計画に対して行った取り組みを記載し、その内容はもちろん、計画していたスケジュールに対して実際の進捗はどうだったかという点についても具体的に記載をします。

補助金を受け取った後も、真剣に取り組んでいるかどうかを見られる部分でもあります。

③成果の内容

補助事業によって達成した成果を具体的に記載する必要があります。気をつける点としては、抽象的な文章はＮＧということです。例えば、「改善効果が見られた」「大幅に削減した」といった表現ではなく、数値を並べた表や、グラフを利用して具体的に生産コストや作業時間が○円、○％ダウンした、効率化したといった書き方が求められます。

なお、事業を通して成果が得られた一方、新たな課題が発見され、今後引き続き改善に取り組む必要が生じた場合もあるかと思います。そういった改善点に関しても、同時に記載します。

以上の構成がわかれば、あとはそれに当てはめる形で、策定した計画・実行した取組み・達成した成果を記入していく形となります。

もちろん実績報告書は事業ごとに異なる内容となるため、必ずしもご紹介した構成に収まるとは限りません。しかしある程度型がないと書きにくいので、こちらの構成も参考にしてみてください。

第6章　その他の補助金

1　事業再構築補助金

事業再構築補助金とは

事業再構築補助金は、ポストコロナ・ウィズコロナ時代の経済社会の変化に対応するため、企業の思い切った事業再構築を支援するための補助金です。

新分野展開や業態転換、事業・業種転換等の取組、事業再編又はこれらの取組を通じた規模の拡大等を目指す、次の要件をすべて満たす企業・団体が対象となります。

２０２１年に登場した補助金で、登場した当初から非常に注目をされていました。１年限りとも言われていた事業再構築補助金ですが、２０２２年も依然として新型コロナウイルス感染症の影響が続くため、事業再構築の必要性が高いことを受けて継続されることとなりました。

さらに、２０２３年においては、さらに中身を刷新して継続することになりました。要件や対象事業者等がかなり変更されているため、活用する際にはかなり注意が必要です。

ここでは、すべての内容を網羅することはできませんので、重要な要件を中心に解説していきます。その他の内容は必ず公募要領を確認し、専門家へ相談をすることをおすすめします。

【成長枠】

①事業再構築指針に示す「事業再構築」の定義に該当する事業であること（事業再構築要件）

②事業計画について認定経営革新等支援機関の確認を受けていること。
③補助事業終了後３～５年で付加価値額の年率平均４・０％以上増加、又は従業員一人当たり付加価値額の年率平均４・０％以上増加する見込みの事業計画を策定すること

（付加価値額要件）
④取り組む事業が、過去～今後のいずれか10年間で、市場規模が10％以上拡大する業種・業態に属していること（市場拡大要件）
⑤事業終了後３～５年で給与支給総額を年率平均２％以上増加させること（給与総額増加要件）
※成長枠は、卒業促進枠、大規模賃金引上促進枠のいずれかに同時に申請することが可能です。

（補助率引上げを受ける場合の追加要件）（補助率引上要件）
①補助事業期間内に給与支給総額を年率平均６％以上増加させること
②補助事業期間内に事業場内最低賃金を年額45円以上の水準で引上げること

【グリーン成長枠（エントリー）】
①事業再構築指針に示す「事業再構築」の定義に該当する事業であること（事業再構築要件）
②事業計画について認定経営革新等支援機関の確認を受けていること。
③補助事業終了後３～５年で付加価値額の年率平均４・０％以上増加、又は従業員１人当たり付加価値額の年率平均４・０％以上増加する見込みの事業計画を策定すること

（付加価値額要件）

④グリーン成長戦略「実行計画」14分野に掲げられた課題の解決に資する取り組みであって、その取り組みに関する1年以上の研究開発・技術開発又は従業員の一定割合以上に対する人材育成をあわせて行うこと（グリーン成長要件）

⑤事業終了後3～5年で給与支給総額を年率平均2％以上増加させること（給与総額増加要件）

※グリーン成長枠（エントリー）は、卒業促進枠、大規模賃金引上促進枠のいずれかに同時に申請することが可能です。

※また、第1回～第9回公募で補助金交付候補者として採択されている又は交付決定を受けている事業者は、次の条件を満たした場合グリーン成長枠（エントリー）に申請できます。

（グリーン成長枠（エントリー）に申請できる要件）

要件1　すでに事業再構築補助金で取り組んでいる又は取り組む予定の補助事業とは異なる事業内容であること（別事業要件）

要件2　既存の事業再構築を行いながら新たに取り組む事業再構築を行うだけの体制や資金力があること（能力評価要件）

（補助率引上げを受ける場合の追加要件）（補助率引上要件）

追加要件1　補助事業期間内に給与支給総額を年率平均6％以上増加させること

追加要件2　補助事業期間内に事業場内最低賃金を年額45円以上の水準で引上げること

【グリーン成長枠（スタンダード）】

①事業再構築指針に示す「事業再構築」の定義に該当する事業であること（事業再構築要件）
②事業計画について認定経営革新等支援機関の確認を受けていること。
③補助事業終了後3～5年で付加価値額の年率平均5・0％以上増加、又は従業員1人当たり付加価値額の年率平均5・0％以上増加する見込みの事業計画を策定すること

（付加価値額要件）

④グリーン成長戦略「実行計画」14分野に掲げられた課題の解決に資する取り組みであって、その取り組みに関する1年以上の研究開発・技術開発又は従業員の一定割合以上に対する人材育成をあわせて行うこと（グリーン成長要件）
⑤事業終了後3～5年で給与支給総額を年率平均2％以上増加させること

（給与総額増加要件）

※グリーン成長枠（スタンダード）は、卒業促進枠、大規模賃金引上促進枠のいずれかに同時に申請することが可能です。
※また、第1回～第9回公募で補助金交付候補者として採択されている又は交付決定を受けている事業者は、次の条件を満たした場合グリーン成長枠（スタンダード）に申請できます。

（グリーン成長枠（スタンダード）に申請できる要件）

要件1　すでに事業再構築補助金で取り組んでいる又は取り組む予定の補助事業とは異なる事業内

容であること（別事業要件）
要件2　既存の事業再構築を行いながら新たに取り組む事業再構築を行うだけの体制や資金力があること（能力評価要件）

（補助率引上げを受ける場合の追加要件）（補助率引上要件）

追加要件1　補助事業期間内に給与支給総額を年率平均6％以上増加させること
追加要件2　補助事業期間内に事業場内最低賃金を年額45円以上の水準で引上げること

【卒業促進枠】

①成長枠又はグリーン成長枠に申請する事業者であること（単独で申請はできません。）
②成長枠又はグリーン成長枠の補助事業終了後3～5年で中小企業・特定事業者・中堅企業の規模から卒業すること（卒業要件）

【大規模賃金引上促進枠】

①成長枠又はグリーン成長枠に申請する事業者であること（単独で申請はできません。）
②成長枠又はグリーン成長枠の補助事業終了後3～5年の間、事業場内最低賃金を年額45円以上の水準で引上げること（賃金引上要件）
③成長枠又はグリーン成長枠の補助事業終了後3～5年の間、従業員数を年率平均1・5％以上増

員させること（従業員増員要件）

【産業構造転換枠】

①事業再構築指針に示す「事業再構築」の定義に該当する事業であること（事業再構築要件）

②事業計画について認定経営革新等支援機関の確認を受けていること。

③補助事業終了後3～5年で付加価値額の年率平均3・0％以上増加、又は従業員1人当たり付加価値額の年率平均3・0％以上増加する見込みの事業計画を策定すること（付加価値額要件）

④現在の主たる事業が過去～今後のいずれか10年間で、市場規模が10％以上縮小する業種・業態に属しており、当該業種・業態とは別の業種・業態の新規事業を実施すること、または地域における基幹大企業が撤退することにより、市町村内総生産の10％以上が失われると見込まれる地域で事業を実施しており、当該基幹大企業との直接取引額が売上高の10％以上を占めること（市場縮小要件）

※その他特別要件は割愛（最新の公募要領をご確認ください。）

【最低賃金枠】

①事業再構築指針に示す「事業再構築」の定義に該当する事業であること（事業再構築要件）

②事業計画について認定経営革新等支援機関の確認を受けていること。

③補助事業終了後3～5年で付加価値額の年率平均3・0%以上増加、又は従業員1人当たり付加価値額の年率平均3・0%以上増加する見込みの事業計画を策定すること

(付加価値額要件)

④2022年1月以降の連続する6か月間のうち、任意の3か月の合計売上高が対2019年～2021年の同3か月の合計売上高と比較して10%以上減少していること(当該要件を満たさない場合は、付加価値額減少要件でも可能(詳細は公募要領をご確認ください。)

⑤2021年10月から2022年8月までの間で、3か月以上最低賃金＋30円以内で雇用している従業員が全従業員数の10%以上いること(最低賃金要件)

【物価高騰対策・回復再生応援枠】

①事業再構築指針に示す「事業再構築」の定義に該当する事業であること(事業再構築要件)

②事業計画について認定経営革新等支援機関の確認を受けていること。

③補助事業終了後3～5年で付加価値額の年率平均3・0%以上増加、又は従業員一人当たり付加価値額の年率平均3・0%以上増加する見込みの事業計画を策定すること

(付加価値額要件)

④以下(1)(2)のいずれかを満たすこと

(1) 2021年1月以降の連続する6か月間のうち、任意の3か月の合計売上高が対2019～

２０２１年の同３か月の合計売上高と比較して10％減少していること（当該要件を満たさない場合は、付加価値要件でも可能。詳細は公募要領を参照ください）

（売上高等減少要件）

（２）再生事業者（Ⅰ．中小企業活性化協議会等において再生計画を策定中の者又はⅡ．中小企業活性化協議会等において再生計画を策定済かつ再生計画成立後３年以内の者）であること（再生要件）

中小企業だけでなく中堅企業も対象

通常の補助金は、中小企業のみが対象となり、一定の従業員数か資本金額を下回る企業のみが対象となります。もっとも、事業再構築補助金に関しては、中堅企業に関しても対象となります（中堅企業の定義・補助金額・補助率に関しては最新の公募要領をご確認ください）。

事業再構築補助金の補助額・補助率

（中小企業）※中堅企業の詳細は最新の公募要領をご確認ください。

・成長枠

【従業員数20人以下】補助額１００万円～２０００万円、補助率１／２

【従業員数20人～50人】補助額１００万円～４０００万円、補助率１／２

【従業員数51人～100人】補助額100万円～5000万円、補助率1／2
【従業員数101人以上】補助額100万円～7000万円、補助率1／2

・グリーン成長枠（エントリー）

【従業員数20人以下】補助額100万円～4000万円、補助率1／2
【従業員数21人～50人】補助額100万円～6000万円、補助率1／2
【従業員数51人以上】補助額100万円～8000万円、補助率1／2

・グリーン成長枠（スタンダード）

補助額100万円～1億円、補助率1／2

・卒業促進枠

成長枠・グリーン成長枠の補助上限、補助率に準じる

・大規模賃金引上促進枠

補助額100万円～3000万円、補助率1／2

・産業構造転換枠

【従業員数20人以下】100万円～2000万円、補助率2／3
【従業員数21～50人】100万円～4000万円、補助率2／3
【従業員数51～100人】100万円～5000万円、補助率2／3
【従業員数101人以上】100万円～7000万円、補助率2／3

※廃業を伴う場合は、廃業費を最大2000万円上乗せ

・最低賃金枠

【従業員数5人以下】100万円～500万円、補助率3／4
【従業員数6～20人】100万円～1000万円、補助率3／4
【従業員数21人以上】100万円～1500万円、補助率3／4

・物価高騰対策・回復再生応援枠

【従業員数5人以下】100万円～1000万円、補助率2／3
【従業員数6～20人】100万円～1500万円、補助率2／3
【従業員数21～50人】100万円～2000万円、補助率2／3
【従業員数51人以上】100万円～3000万円、補助率2／3

※詳細な補助率は公募要領をご確認ください。

サプライチェーン強靭化枠の新設

最近のコロナの影響や物価高騰の影響から、海外で製造する部品等の国内回帰を進め、国内サプライチェーン及び地域産業の活性化に取り組む事業者（製造業）への支援をするための申請枠としてサプライチェーン強靭化枠ができました。補助される金額も最大5億円と超大型の申請枠になりますので、かなり大きい企業が活用することが想定されます。

すべての内容をここで網羅することは難しいのと、他の申請枠とはかなりの部分で違いますので、公募要領を確認し、行政書士などの補助金申請の専門家へ相談することをおすすめします。

【要件】

①事業再構築指針に示す「事業再構築（国内回帰）」の定義に該当する事業であること（事業再構築要件）

②事業計画について認定経営革新等支援機関の確認を受けていること。補助金額が3000万円を超える案件は認定経営革新等支援機関及び金融機関（金融機関が認定経営革新等支援機関であれば当該金融機関のみでも可）の確認を受けていること（認定支援機関要件）

③補助事業終了後3～5年で付加価値額の年率平均5・0％以上増加、又は従業員1人当たり付加価値額の年率平均5・0％以上増加する見込みの事業計画を策定すること（付加価値額要件）

④取引先から国内での生産（増産）要請があること（事業完了後、具体的な商談が進む予定があるもの）（国内増産要請要件）

⑤取り組む事業が、過去～今後のいずれか10年間で、市場規模が10％以上拡大する業種・業態に属していること（ただし製造業に限る）（市場拡大要件）

⑥下記の要件をいずれも満たしていること（デジタル要件）

（1）経済産業省が公開するDX推進指標を活用し、自己診断を実施し、結果を独立行政法人情報

処理推進機構（IPA）に対して提出していること
（2）IPAが実施する「SECURITY ACTION」の「★★二つ星」の宣言を行っていること
⑦交付決定時点で、設備投資する事業場内最低賃金が地域別最低賃金より30円以上高いこと。ただし、新規立地の場合は、当該新事業場内最低賃金が地域別最低賃金より30円以上高くなる雇用計画を示すこと（事業場内最低賃金要件）
⑧事業終了後3～5年で給与支給総額を年率平均2％以上増加させること（給与総額増加要件）
⑨「パートナーシップ構築宣言」ポータルサイトにて、宣言を公表していること（パートナーシップ構築宣言要件）

【補助額・補助率】

（中小企業者等）補助額：1000万円～5億円以内、補助率1／2
（中堅企業等）補助額：1000万円～5億円以内、補助率1／3
※建物費がない場合はともに3億円以内

事業再構築補助金の補助対象経費

事業再構築補助金では、次のような経費が補助対象経費となっています。

建物費、建物改修費、設備費、システム購入費、外注費（加工、設計等）、研修費（教育訓練費等）、技術導入費（知的財産権導入に係る経費）、広告宣伝費・販売促進費（広告作成、媒体掲載、展示会出展等）

※補助対象企業自身の従業員の人件費や旅費は対象外となります。

※申請枠によって対象経費が違いますので、必ず最新の公募要領を確認してください。

事業再構築補助金の取組みイメージ

こちらでは中小企業庁が発表している事業再構築補助金の取組みイメージをご案内します。

喫茶店	飲食スペースを縮小し、新たにコーヒー豆や焼き菓子のテイクアウト販売を実施
居酒屋	オンライン専用の注文サービスを新たに開始し、宅配や持ち帰りの需要に対応
レストラン	店舗の一部を改修し、新たにドライブイン形式での食事のテイクアウト販売を実施
弁当屋	新規に高齢者向けの食事宅配事業を開始。地域の高齢化のニーズに対応

衣服販売	衣料品のネット販売やサブスクリプション形式のサービス事業に業態転換
ガソリン販売	新規にフィットネスジムを運営し、地域の健康増進ニーズに対応
ヨガ教室	室内の密を回避するため、オンライン形式での教室を運営
高齢者向けデイサービス	一部事業を譲渡。病院向けの給食、事務等の受託サービスを開始
半導体製造装置部品製造	半導体製造装置技術を応用し、洋上風力設備の部品製造を開始
タクシー事業	新たに一般貨物自動車運送業許可を取得し、食料等の宅配サービスを開始
航空機部品製造	ロボット関連部品・医療機器部品製造の事業を新規に立ち上げ
伝統工芸品製造	百貨店などでの売上が激減したためＥＣサイトでの販売を開始
和菓子製造・販売	和菓子の製造過程で生成される成分を活用し、化粧品の製造・販売を開始
土木造成・造園	自社所有の土地を活用してオートキャンプ場を整備し、観光事業に参入
画像処理サービス	映像編集向けの画像処理技術を活用し、医療向けの診断サービスを開始

2　事業承継・引継ぎ補助金

事業承継・引継ぎ補助金とは

事業承継・引継ぎ補助金とは、事業承継（事業再編や事業統合を含む）をきっかけに経営革新に取り組む中小企業を支援する補助金です。2020年度には2つ存在した事業承継系の補助金（事業承継補助金・経営資源引継ぎ補助金）を一本化してまとめた補助金です。

ちなみに、前身の「事業承継補助金」は、事業承継をきっかけとした経営革新や業態転換をメインとした補助金でした。また、「経営資源引継ぎ補助金」は、経営資源を第三者に引き継ぐ際の費用への補助をメインとした補助金でした。

こういった背景もあり、新しい「事業承継・引継ぎ補助金」は、前身の2つの補助金の特徴をあわせもっています。そのため、事業承継をきっかけとした経営革新だけでなく、事業引継ぎ時の士業等専門家活用費用も補助対象となっています。

事業承継・引継ぎ補助金の目的

経営者の高齢化問題は深刻で、2015年時点で既に平均年齢が66歳まで上昇していました。こういった背景もあり、「中小企業の約6割は後継者問題を抱えている」と言われています。

さらに、新型コロナウイルスが発生したため、高齢経営者を中心に休廃業する企業が増えています。こういった背景もあり、伝統的な技術や地域の雇用を守るため、事業承継・引継ぎ補助金が整備されました。

事業承継・引継ぎ補助金の補助率と補助額

事業承継・引継ぎ補助金には、３つの類型があり、類型ごとに補助額が変わります。そこで、こちらではそれぞれの類型と補助額について解説します。ここで記載している内容以外にも細かい条件が存在しています。その詳細は必ず公募要領をご確認ください。

①事業承継・引継ぎを契機とする新たな取組や廃業に係る費用の補助

・経営革新事業

【創業支援型】他の事業者が保有している経営資源を引き継いで創業した事業者への支援

【経営者交代型】親族内承継等により経営資源を引継いだ事業者への支援

【M&A型】M&A（株式譲渡、事業譲渡等）により経営資源を引継いだ事業者への支援

補助率：補助対象経費の２／３または１／２以内

補助下限額：１００万円（交付申請時に補助下限額を下回る申請は受け付けない）

補助上限額：６００万円または８００万円以内

上乗せ額（廃業費）：＋１５０万円以内

②事業承継引継ぎ時の士業専門家の活用費用の補助

・専門家活用事業

【買い手支援型（Ⅰ型）】

補助率：補助対象経費の2／3以内

補助下限額：50万円

補助上限額：600万円以内

上乗せ額（廃業費）：+150万円以内

【売り手支援型（Ⅱ型）】

補助率：補助対象経費の1／2又は2／3以内

補助下限額：50万円

補助上限額：600万円以内

上乗せ額（廃業費）：+150万円以内

③事業承継引継ぎ時の再チャレンジに取り組むための活用費用の補助

・廃業・再チャレンジ事業

【廃業・再チャレンジ（単独の申請）】

補助率：補助対象経費の2／3以内

補助下限額：50万円

補助上限額：＋１５０万円以内

事業承継・引継ぎ補助金の対象経費

事業承継・引継ぎ補助金は、次のような経費を補助してくれます。特徴は、士業等専門家活用経費も補助対象となるという点です。事業承継は専門家の力を借りないと難しい点がありますが、事業承継補助金を使えば経費を補助してくれるため自己負担が減ります。

（対象経費）

・事業承継、引継ぎを契機とした新たな取組についての設備投資
・廃業に係る費用
・事業引継ぎ時の士業専門家の活用費用（仲介手数料・デューデリジェンス費用、企業概要書作成費用）

電子申請のためＧビズＩＤが必要

事業承継・引継ぎ補助金の申請は、電子申請となります（変更する場合もあるので、必ず最新の公募要領をご確認ください）。そのため、申請をお考えの方は、早めにＧビズＩＤを取得しておいたほうがよいでしょう（手続に2～3週間かかります）。

◆補助金コラム　補助金採択率100%がすごいのか？

もし「補助金をもらいたい」と思った場合、「自分で申請するよりも、専門家に依頼したほうが採択される可能性が高いのでは？」とおそらく誰しも考えるはずです。もちろん、専門家は専門家と名乗るだけあって、補助金を獲得するためのノウハウや知識など様々なものを持っています。

ところで、たまに「補助金採択率100%」とうたったホームページなどを見ることがあります。「100%採択されるのだったら、その専門家に頼んじゃえばいいじゃん」と誰だって思ってしまうかもしれません。

ですが、この採択率100%という数字には意外とからくりというか、見せ方みたいなものもあったりするのが事実です。

正直私の信頼する知り合いの専門家で採択率100%だという方は意外といません。

なぜ「採択率100%」なのでしょうか？　それは、採択の可能性の非常に高い案件しか受けていないとか、そもそも受任している件数が少なすぎるなどということもあり得ます。極端な言い方をすると、1件しか受任していなくて1件採択されれば、それは採択率100%です。

つまり、採択率にとらわれすぎずに専門家選びをすることも、補助金申請における近道です。

第7章　法認定（法律認定）

1　法認定とは

法認定とは

法認定というのは、法律認定と呼ばれるもので、国や県が法律に基づき認定した計画のことをいいます。この法認定を受けておくと、補助金審査で有利になる場合があるのが特徴です。

有名なところでは、経営革新計画・経営力向上計画・先端設備導入計画・事業継続力強化計画といったものがあります。

認定があると補助金審査で加点される！

補助金の公募時期は決まっているため、スケジュールに余裕がある場合などに、補助金の加点狙いで法認定を取っておくのは効果的です。

もっとも、「何の計画の認定が補助金の加点となるのか」は年によって変わってしまうため、注意が必要です。

例えば、経営力向上計画の認定を受けていると、２０１９年度はものづくり補助金の審査で加点をされましたが、２０２３年度の募集では加点項目から外れてしまいました。

このように、年度によって加点項目が変わってしまうのが悩ましいところであります。特に、年度前半の補助金申請を狙う場合、最新の公募要領が発表されてからでは法認定の取得が間に合わない可能性があるため、「去年加点されてたから、たぶん今年も加点されるだろう」とある程度山を張って、認定を取りにいかざるをえないところがあります。

もっとも、法認定を通じて、自社の事業計画を見直すきっかけになりますので、取っておいて損をすることはありません。

経営革新計画

「経営革新計画」は、中小企業の新たな取組み（新商品や新サービスの開発、新たな販売方式の導入等）について、知事の承認を受けることで、様々な支援を受けられる制度です。

代表的なメリットは、補助金加点（２０２３年度ではものづくり補助金で加点項目）と優遇税制（取得した設備に対する即時償却や税額控除）です。

申請書様式は３枚のため、比較的簡易に申請することができます。

経営力向上計画

「経営力向上計画」は、経営が向上するための事業計画を立て、国の認定をもらうことで、税制優遇や補助金加点、金融支援を得られる制度です。生産性向上のための設備投資やＩＴ利活用、人材育成等に基づく事業計画を立て、国に申請をします。

代表的なメリットは、補助金加点（２０２３年度では小規模事業者持続化補助金で加点項目）と優遇税制（取得した設備に対する即時償却や税額控除）です。

申請書様式は３枚のため、比較的簡易に申請することができます。

先端設備等導入計画

「先端設備導入計画」は、中小企業が設備投資を通じて労働生産性を図るための計画で、市区町村の認定を受けることで、税制支援や金融支援をうけられます。特に、固定資産税の軽減のメリットが大きく、認定を受けた設備投資に関して、固定資産税が１／２〜１／３に軽減されます。

また、従業員の賃上げを表明した場合は、軽減期間が延長される制度も存在します。

このように固定資産税の軽減がメリットとなっているため、設備投資のための補助金である「ものづくり補助金」において、セットでの申請をし、補助金と固定資産税軽減のダブル優遇を受ける戦略もあります。

事業継続力強化計画

「事業継続力強化計画」とは、「中小企業向けの簡易な防災・減災対策計画」といったイメージで、自然災害等による影響を軽減するための計画を立て、国から認定をもらう制度です。「災害時の初動体制（従業員の避難方法・被害状況の把握・社内体制等）」「必要な対策（人員・設備・資金・情報保全等)」「実効性確保のための準備（従業員への訓練・計画の見直し等)」といったことを書いていきます。

事業継続力強化計画の認定を受けることで、「補助金で加点されることがある（例：2023年度ものづくり補助金)」「日本政策金融公庫から低利融資(設備投資が基準利率から0・9%引き下げ)を受けられる」「防災・減災設備にかかる税制優遇措置(16%〜18%の特別償却)を受けられる」といったメリットがあります。

2　経営革新計画

経営革新計画とは

経営革新計画とは、中小企業の新たな取組み（新商品や新サービスの開発、新たな販売方式の導入等）について、知事の承認を受けることで、様々な支援を受けられる制度です。

代表的なメリットとしては、補助金審査での加点（例：2023年度ものづくり補助金)、特許料の半額、金融支援といったものがあります。また、「都道府県から承認を得た事業」という点で、対外的な信用度がアップするメリットもあります。

経営革新計画をはじめて知ったという方もいらっしゃると思いますが、多くのメリットのある経営革新計画を知っていただき、活用していただければと思います。

経営革新計画のメリット

経営革新計画を受けると、主には次のようなメリットがあります。

メリット①／補助金申請で加点となることがある

経済産業省管轄の補助金の審査において、経営革新計画を取得していると加点となる場合があります。例えば、2023年度のものづくり補助金においては、経営革新計画の承認があると審査で加点され、有利な取り扱いを受けることができました。

1つ注意が必要なのは、「どの補助金の加点となるか？」というのは、年によって変わる可能性があるということです。ですので、経営革新計画による補助金加点を狙うのであれば、最新の公募要領を確認し、上手くスケジュール調整をして、補助金申請に望む必要があります。

ちなみに、地方自治体独自の支援で、「経営革新計画取得者のみを対象とした補助金」といったものもあります。ですので、経営革新計画をお考えの場合は、ご自身の自治体の補助金もチェックしてみるとよいでしょう。

メリット②／資金調達面で優遇される

経営革新計画の承認を受けると、日本政策金融公庫等から低利融資を受けることが可能となります。具体的には、日本政策金融公庫の基準金利から0・65％ほど下がった特別利率での借入が可能となります（貸付利率は改定される場合があるため、日本政策金融公庫のホームページで最新利率をご確認ください）。

また、民間企業から融資を受ける際につける、信用保証協会の保証限度額も優遇されるようになります。具体的には通常の保証枠と同額の別枠保証を付けてもらうことができるようになります。

このような金融支援ですが、「経営革新計画を受けたからといって、必ず借りられるわけではない」という点には注意が必要です。なぜなら、金融機関が融資するか否かについては、別途、金融機関での審査があるからです。

メリット③／特許料の減免制度がある

経営革新計画における技術開発に関する研究開発事業の成果について、特許出願を行う中小企業者（経営革新計画開始から計画終了後2年以内の出願が対象）は、特許関係料金が半額に軽減されます。具体的には、審査請求料と特許料（第1年～第10年分）が半額となります。

メリット④／対外的な信用がアップする

経営革新計画の承認を受けると、各都道府県のホームページに社名が公表されます。そのため、対外的な信用度がアップしますし、金融機関の融資審査においても一目おかれる傾向があります。

経営革新計画の申請対象

経営革新計画を申請することができるのは、中小企業に限られます（中小企業基本法2条に基づく業種ごとの資本金基準もしくは従業員基準を満たした企業）。

また、営業実績の要件もあります。具体的には、「直近1年以上の営業実績があり、この期間に決算を行っていること（税務署に申告済み）であること」が必要となります。

経営革新計画の承認を受けるための要件①／新事業活動に取り組む計画であること

経営革新計画の承認を受けるためには、既存事業と異なる新事業活動に取り組む必要があります。

ここでいう「新事業活動」というのは、それぞれの中小企業において、新たな事業活動なのであれば、既に他社で採用されている技術や方式を活用するケースであっても、原則として対象となります。

もっとも、同業の中小企業（地域性の高いものについては同一地域における同業他社）における当該技術・方式等の導入状況を精査し、「既に相当程度普及している技術・方式等の導入である」と判断される場合は、「新事業活動」の対象外となります。

また、「新事業活動」といえるためには次の5つのいずれかに該当する必要があります。

①新商品の開発又は生産
②新役務の開発又は提供
③商品の新たな生産又は販売の方式の導入
④役務の新たな提供の方式の導入
⑤技術に関する研究開発及びその成果の利用

なお、単に生産力を増強するための工場の拡張や設備の更新、営業所の増設などでは「新事業活動」には該当しません。
こういった事項に加え、新生産方式や新たな販売方法を導入し、生産の効率化や新たな販路の開拓などの取組みを行わないと、新事業活動とは認められません。

経営革新計画の承認を受けるための要件②／経営の相当程度の向上を達成できる計画であること

経営革新計画は、「経営の相当程度の向上」を達成する計画でなければなりません。ここでいう「経営の相当程度の向上」というのは、次の2つの指標が目標伸び率に達成することを言います。

・指標1（「付加価値額」又は「1人あたりの付加価値額」の伸び率）
3年計画↓9％以上
4年計画↓12％以上
5年計画↓15％以上
※付加価値額＝営業利益＋人件費＋減価償却費。　※1人あたりの付加価値額＝付加価値額÷従業員数。

・指標2（「給与支給総額」の伸び率）
3年計画↓4・5％以上
4年計画↓6％以上
5年計画↓7・5％以上
※給与支給総額＝役員並びに従業員に支払う給料、賃金及び賞与＋給与所得とされる手当。

経営革新計画の申請の流れ

経営革新計画の申請は、都道府県が受付となります。都道府県によって手続の流れが異なりますので、まずはご自身が申請される都道府県のホームページにて申請方法を確認しましょう(図表41)。ちなみに、申請前の事前相談が必要であったり、受付に至るまでに数回の訪問と申請書の修正が必要となるケースが多いです。ですので、時間的余裕を持って申請されることをおすすめします。

なお、申請から結果が出るまで約2か月程度はかかります。

引用元：東京都産業労働局（https://www.sangyo-rodo.metro.tokyo.lg.jp/chushou/shoko/keiei/kakushin/tetsuduki/syounin/）

3　経営力向上計画

経営力向上計画とは

経営力向上計画とは、経営力が向上する事業計画を立て、国から認定をもらうことで、税金の優遇措置や補助金の加点等を受けられる制度です（図表42。２０１６年7月に施行された「中小企業等経営強化法」にもとづく支援において作成する経営計画）。

人材育成やコスト管理等のマネジメントの向上、設備投資等に関する、生産性が向上する事業計画を立て、国からお墨付きをもらうことで、税金や補助金、金融支援で優遇してもらえます。

【図表 41　経営革新計画の申請の流れ】

手順	注意事項等　※()内記載要領該当ページ
①申請対象や要件の確認	○制度の概要や要件、支援策など、ご不明な点があれば相談窓口(P6)へお問い合わせください。 ・申請対象(P2)　・計画の要件(P3～)　・支援策(P26～)
②申請書の作成・提出書類の準備	○提出書類はP5でご確認ください。 ○記入例(P10～)を参考に作成ください。 ○記載方法等でご不明な点があれば、受付窓口(P6)へお問い合わせください。
20日まで　※ ※4月・12月・2月・3月は、15日まで ※土日祝日の場合は、前営業日まで ※申請状況により電話予約締切日前に受付を終了する場合があります。 ③申請書の提出・内容等の確認	○**申請書の作成が完了したら、お電話で提出の予約をしてください**(※左列参照) ○提出書類一式(P5)をご提出ください。 ○提出先は受付窓口(P6)です。修正等で何度かお越しいただく可能性がありますので、**最寄りの機関へご提出ください。**なお、**受付状況により希望の機関や受付時期(審査スケジュール)で対応できない場合があります。** ○初回提出から複数回修正したうえで完成となるケースがほとんどですので、**初回はできるだけ月の初めにご提出ください。** ○提出の際、既存事業と新規事業の詳細をお伺いしますので、役員の方がお越しください(１～２時間程度)。
④申請書の修正 ⑤申請書の再提出	○記入漏れや間違いの他にも、計画の説明が不十分だったり、表現が適切でない場合なども修正・追記をお願いします。 ○当月中に修正・追記が完了しない場合は、翌月の審査の対象となりません。
月末まで ⑥申請書の完成	○**月末までに完成した申請書を翌月の審査会で審査します。完成しなかった場合は、翌々月以降の審査となります**ので、ご了承ください。
翌月20日頃 ⑦審　査　会	○審査は書類審査です。(審査基準P7、審査のポイントP13)
翌々月初旬まで 承　認　／　不承認　／　保　留(→⑦審査会へ)	○承認、不承認は書面で通知します。(審査結果P7) ○内容に疑義がある場合や記載内容が不十分な場合等は、保留となり、申請書を修正・追記したうえで翌月再審査となります。

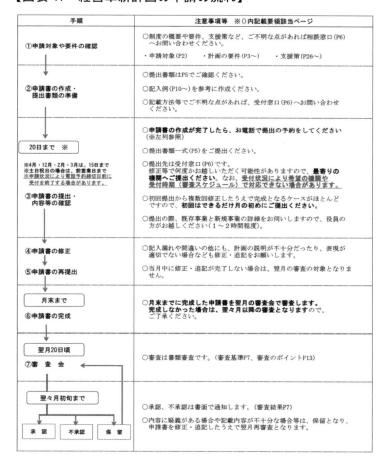

【図表 42　経営力向上計画の仕組み】

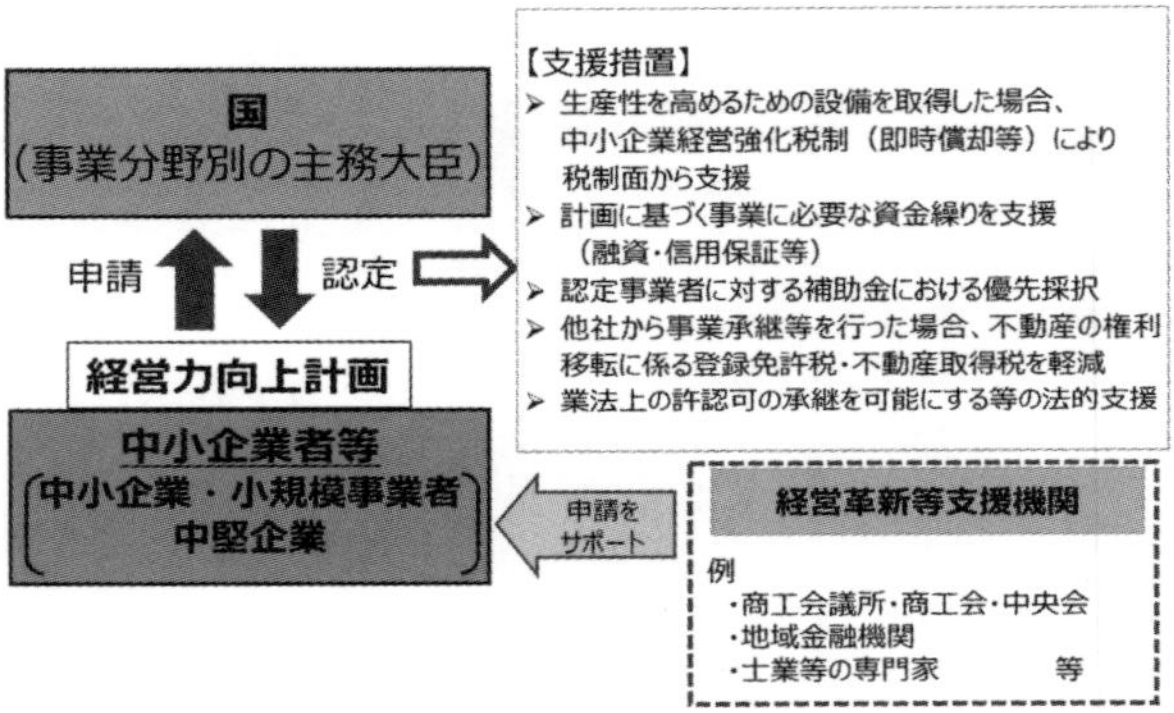
国
（事業分野別の主務大臣）
申請
認定
経営力向上計画
中小企業者等
中小企業・小規模事業者
中堅企業
【支援措置】
➢ 生産性を高めるための設備を取得した場合、中小企業経営強化税制（即時償却等）により税制面から支援
➢ 計画に基づく事業に必要な資金繰りを支援（融資・信用保証等）
➢ 認定事業者に対する補助金における優先採択
➢ 他社から事業承継等を行った場合、不動産の権利移転に係る登録免許税・不動産取得税を軽減
➢ 業法上の許認可の承継を可能にする等の法的支援
申請をサポート
経営革新等支援機関
例
・商工会議所・商工会・中央会
・地域金融機関
・士業等の専門家　　等

主には、次のような優遇措置が受けられます。

・補助金で加点になることがある（経済産業省所管の補助金）。
・法人税が軽減される。
・低金利で融資が受けられる。
・信用保証協会の保証枠が増える。

ただし、金融支援（低金利・信用保証協会別枠）に関しては、タイミングによっては別の融資の方が低金利で有利な場合もあるので（例：新型コロナウイルス特別貸付）、メリットは少ないです。ですので、メインは税制優遇と補助金加点となります。

引用元：中小企業庁「―中小企業等経営強化法―経営力向上計画策定の手引き」(https://www.chusho.meti.go.jp/keiei/kyoka/pdf/tebiki_keieiryoku.pdf)

補助金審査で加点になる

経営力向上計画の認定を受けていると、加点される補助金があります。

そもそも補助金は、事業計画等申請書の内容と加点項目によって審査されます。なので、加点項目があれば、補助金の審査では間違いなく有利になります。「加点項目がないと、そもそも通らない」なんて言われる補助金もあるくらいなので、加点があるに越したことはありません。

例えば、小規模事業者持続化補助金では、加点項目として「基準日までに経営力向上計画の認定を受けていること」と明記されています（２０２３年度）。

補助金加点は年によって変わる（注意点）

経営力向上計画は、比較的取得しやすく、補助金でも加点になるので人気があります。ですが、「どの補助金の加点になるのか」は、その年の公募要領が発表されてみないとわかりません。

また、急に「昨年までは加点されていたけど、今年は対象外になった」といったことも起こります。現に、ものづくり補助金では、２０１９年度は経営力向上計画が加点項目となっていましたが、２０２３年度では加点項目から外されてしまいました。そのため、最新の公募要領を確認してから動くのが安全ではあります。

ですが、補助金審査に有利となる年度初回の公募への申請を考える場合、先に経営力向上計画の認定を進める形になるため、「来年度は加点になるかわからないけど認定をとっておこうと」ならざるをえません。

ただし、取得して損がある制度ではありません。加点対象外でも取り組むメリットはあります。

法人税が軽減される

設備や機械装置、一定の工具や機器備品、ソフトウエアなどの設備投資を行う際に、その投資の規模や効果についてまとめた経営力向上計画の認定を受けた場合、その設備について「即時償却※1」や「税額控除※2」の優遇税制を受けることができます。

※1即時償却　設備導入と同時に、その費用の全額を経費として計上することができる。

※2税額控除　取得金額の10％相当額の税額控除を受けることができる（ただし、税額控除は、資本金3000万円以下が10％で、それ以上の企業は7％）。

金融支援

経営力向上計画の認定を受けた事業者が行う設備投資に必要な資金について、日本政策金融公庫から有利な条件で融資を受けることができます。例えば、国民生活事業の設備資金（土地及び建物に係る資金を除く）であれば、基準金利から0・9％低い利率で借入することが可能です。

また民間企業から融資を受ける際の信用保証協会の信用保証についても、通常とは別枠での信用保証などを受けることもできるようになります。

非常に大きなメリットがある計画ではありませんが、自社の生産性向上などの取り組みに向き合う、いいきっかけになります。取り組みやすい計画ですので、申請を検討してみてもいいと思います。

「経営力向上計画」の認定を受けるための流れ

①事前確認・準備

経営力向上計画により税金の優遇措置などを受けたい場合は、事前に関係機関と調整する必要があります。

例えば、設備投資について税制措置を受けたいのであれば、経営力向上計画の申請時に「工業会の証明書」が必要となるため、設備メーカーを通じて手続を行っておく必要があります。その上で、経営力向上計画を申請する流れとなります。

②事業分類の確認

経営力向上計画は、申請する会社の業種によって提出先が変わります。そのため、「日本標準産業分類」で、自社の事業分野を確認する必要があります。

③経営力向上計画の作成

経営力向上計画は、自社の事業分野が属する「事業分野別指針」に沿って作成する必要があります。そのため、「事業分野別指針」をまずは確認しましょう。

その上で、申請書類を書いていくこととなります。

申請書様式は３枚で、①企業の概要、②現状認識、③経営力向上の目標及び経営力向上による経営の向上の程度を示す指標、④経営力向上の内容、⑤事業承継等の時期及び内容（事業承継等を行う場合）といった内容について記載していきます。

④経営力向上計画の申請

事業分野によって担当の役所が異なりますので、それぞれの事業分野を所管する提出先に申請しましょう。なお申請は、紙申請・電子申請ともに認められています。

⑤認定

無事に計画が認定されると、主務大臣から計画認定書と計画申請書の写しが交付されます。ちなみに、申請から認定までは約30日かかります（複数省庁にまたがる申請は約45日）。

⑥経営力向上計画の開始

税制措置や金融支援、法的支援を受けて、経営力が向上するための具体的な取組を実行していきます。

4　先端設備等導入計画

先端設備等導入計画とは

先端設備等導入計画は、中小企業が設備投資を通じて労働生産性を図るための計画です。市区町村の認定を受けることで、税制支援や金融支援などの支援措置を使えるようになります。

また、補助金によっては、先端設備等導入計画の認定が加点となる場合もあります（ものづくり補助金で加点となった年もありましたが、２０２３年度では加点項目から外れています）。

先端設備等導入計画のメリット（固定資産税軽減）

先端設備等導入計画の主なメリットは、固定資産税が軽減されることです。具体的には、認定を受けた設備投資に関する固定資産税が１／２~１／３に軽減されます。また、従業員に対する賃上げ方針の表明をした場合には軽減期間が延長する特例もあります。

固定資産が軽減される対象設備

固定資産税軽減の対象となる設備は、年平均の投資利益率が５％以上となることが見込まれることについて、認定経営革新等支援機関の確認を受けた投資計画に記載された投資の目的を達成するために必要不可欠な設備で、次の設備となります。

【設備の種類等（最低取得価額）】

・機械装置（１６０万円以上）
・測定・検査工具（30万円以上）
・器具備品（30万円以上）
・建物附属設備（60万円以上）
・ソフトウェアに関しては対象外

先端設備導入計画の手続の流れ

先端設備等導入計画は、市区町村が窓口となります。もっとも、申請書をただ市区町村に持っていくだけではダメです。「経営革新等支援機関の事前確認書」が必要となります。確認書をもらうためには、必要書類（貸借対照表・損益計算書、導入設備の見積書等）を用意して経営革新等支援機関への確認書発行依頼をすることが必要となります。

手続において、経営革新等支援機関への事前確認が必要なため、時間に余裕をもって、手続を進めていくことが大事なります。

ものづくり補助金とセットで申請する場合が多い

2023年度の先端設備等導入計画は、ものづくり補助金の加点事項から外れています（以前はものづくり補助金の加点項目となっていた年もありました）。

ですが、加点にはならなかったとしても、ものづくり補助金と先端設備等導入計画はセットで申請されることが望ましいです。

なぜなら、先端設備等導入計画の認定を受けていることで、固定資産税の税制優遇措置が受けられるからです。つまり、ものづくり補助金は設備投資のための補助金なので、何らかの設備投資をすることになりますが、その設備に関して先端設備等導入計画の認定を取っておけば、固定資産税の軽減措置（1／2~1／3）を受けられるメリットがあるからです。

更に経営力向上計画もセットにする作戦もある

経営力向上計画は、経営力が向上する事業計画を立て、国から認定をもらうことで、税金の優遇措置や補助金の加点等を受けられる制度です。

経営力向上計画のメリットは、法人税の即時償却や税額控除が受けられる点にあります。先端設備等導入計画が「固定資産税の軽減」であったのに対し、経営力向上計画は「法人税」の優遇措置となります。

そして、ものづくり補助金・先端設備等導入計画・経営力向上計画の３つを併用することも可能です。そうすることにより、ものづくり補助金で補助金をもらえます。先端設備等導入計画で固定資産税が軽減されます。経営力向上計画で法人税を軽減することが可能となります。

先端設備等導入計画の手続の注意点（設備取得前に認定が必要）

先端設備等導入計画は、設備の取得前に認定を取っておかないと、税金の優遇措置は受けられません。注意が必要です。

なお、ものづくり補助金とセットで先端設備等導入計画の認定を取る場合は、ものづくり補助金の申請前に先端設備等導入計画の認定を取っておくことが望ましいです。

更に、経営力向上計画とあわせて申請する場合、経営力向上計画も、ものづくり補助金の申請前に認定を取っておくことが望ましいです。

ちなみに、ものづくり補助金・先端設備等導入計画・経営力向上計画の３つセットでの申請を考えている場合は、スケジュール管理が複雑になってくるため、特に注意が必要となります。

5　事業継続力強化計画

事業継続力強化計画

事業継続力強化計画とは、自然災害等による事業活動への影響を軽減することを目指し、事業活動の継続に向けた取り組みを計画し、国から認定を受ける制度です。

イメージとしては、「中小企業向けの簡易な防災・減災対策計画」といった感じで、地震等の災害が起きたときに、どうやって自社の事業を継続していくのかをあらかじめ計画しておくものです。ＢＣＰ（事業継続計画）の簡易版といったイメージとなります。

事業継続力強化計画には、次のような事項をまとめていくこととなります。

・災害時の初動体制（従業員の避難方法・被害状況の把握・社内体制等）。
・必要な対策（人員・設備・資金・情報保全等）。
・実効性を確保するための準備（従業員への訓練・計画の見直し等）。

日本は自然災害が多い国でもあります。事業継続力強化計画は、そんな自然災害が多い日本において、非常にマッチする取り組み計画であると言えます。

事業継続力強化計画のメリット

事業継続力強化計画の認定を受けることで、次のようなメリットがあります。

・補助金で優先採択の可能性がある（経済産業省管轄の補助金。2023年度ものづくり補助金では加点項目）。
・日本政策金融公庫の低利融資（設備投資が基準利率から0・9%引き下げ）。
・信用保証の別枠設定。
・防災・減災設備にかかる税制優遇（16〜18%の特別償却）。
・国公認のロゴマークが利用できる（防災対策ができている企業とアピールできる）。

なお、補助金での加点に関しては、毎年加点項目が変わるため、ご希望の補助金の最新の公募要領をご確認ください。

防災・減災対策設備への税制優遇

認定された事業継続力強化計画に従って取得した一定の設備等について、取得価額の16〜18%の特別償却が可能となります。

ちなみに、特別償却というのは、特定の機械や設備を購入し利用したときに、税法で認められている通常の償却額に加えて、取得価額に一定割合を乗じて計算した金額を、上乗せして償却できる制度です。節税効果を早めることが可能となります。

事業継続力強化計画に書く主な内容

申請書には、防災・減災対策として必要な取組みを計画に記載していきます。具体的には、①企業の概要、②自然災害等が事業活動に与える影響の認識（被害想定等）、③初動対応の内容、④事前対策の内容、⑤事前対策の実効性の確保に向けた取組み等を記載することとなります。

記載すべき内容の具体的イメージは次のとおりです。

・被害想定

自社が遭遇する可能性がある自然災害と、その被害想定を書きます。この点については、会社の立地によって想定が変わってきます。つまり、例えば、東海地方の湾岸に立地しているのであれば、南海トラフ地震やそれに伴う津波被害を想定することとなりますし、崖の下に立地しているのであれば、土砂崩れの想定を記載していくこととなります。

ちなみに、想定する災害として新型コロナウイルスといった感染症の想定をすることも可能です。

・初動対応

災害発生時の初動対応について、従業員の安否確認や会社の被害の確認、取引先への連絡等の具体策を書いていきます。例えば、「従業員の安否確認に関しては、SNSによって確認ができるグループをつくっている」といったものが挙げられます。

・事前対策

災害発生時に備えた事前準備について記載します。例えば、「災害発生により従業員の一部の欠勤があったとしても、工場の生産体制を止めないよう、社員の多能工化を進める」といったものが挙げられます。

事業継続力強化計画の申請の流れ

事業継続力強化計画電子申請システムから電子申請をする形になります（連携事業継続力強化計画は、最寄りの経済産業局へ申請書類を提出します）。また、申請書を作成の上、最寄りの経済産業局へ提出することとなります。申請から認定までの期間は、約45日で、認定を受けると中小企業庁のホームページに公表をされます。

事業継続力強化計画は、申請書も少なく、取り組みやすい計画の1つでもあります。自然災害が多い日本だからこそ、企業はそこで働く従業員などに安心や安全を提供することも社会的使命として求められていると考えます。

働く従業員のことも考えながら、補助金の加点や税制優遇措置などのメリットも得られる。この取組をしていることだけでも、従業員思いの会社であるといった社会的認知もされていきます。

加点になるかどうかは毎年の補助金制度によって変わりますが、この計画も取得しておいて損のあるものではありません。

取り組みやすい計画の1つですから、本書をお読みいただいたのをきっかけとして取り組んでみるのもいいのではないでしょうか？

おわりに

２０１９年は公的需要が経済を下支えするといったことが要因で、前年を上回るような実質ＧＤＰ成長率となりました。しかし、その反面消費増税や台風など自然災害の影響によって民間需要が低くなったことで、大きい成長率とはいかなかったというのも実情です。

中小企業は２０１３年以降に人手不足が深刻化し始め、その後も人手不足を感じている中小企業等は増え、毎年人手不足を感じている状況は変わらず、むしろ強まり続けています。

設備投資に関しても大企業をはじめとして不足感が弱まってはいるものの、まだまだ十分な設備投資ができているとは言えないのが中小企業や小規模事業者です。

しかも、２０２０年は「新型コロナウイルス感染症」の感染拡大により、中小企業や小規模事業者に多大な影響を与えることになった年でした。

政府系金融機関や商工団体など全国１０５０か所に設置した「新型コロナウイルス経営相談窓口」の利用状況（２０２０年3月31日時点）を見てみると、寄せられている相談のほとんどが「資金繰り関連」であり、中小企業や小規模事業者の悩みの種は「お金」に関することだということが改めて浮き彫りになりました。

２０２３年を迎えた日本は、まだまだコロナなど社会変容に向き合い続けながら徐々にポストコロナの生活様式に変貌を遂げようとしています。コロナがインフルエンザと同じように扱われていく中にあってもまだまだ世の中でコロナの影響は尾を引いていることも事実としてあります。

さらにはコロナ渦において必死で工面してきた融資などの返済がとうとう開始され、その返済に苦慮し始める企業も出てきているほどです。また物価高騰や毎年の賃金引上げ、インボイス制度の導入、電子帳簿等保存など様々な時代の変化、制度改正など相変わらず世の中が目まぐるしく動き出し、今や予測困難な時代（ＶＵＣＡの時代）とも言われるようになりました。

こんな予測困難な時代だからということではなく、企業経営にとってお金は重要なファクターであると確信できます。お金いわゆる流動資産無くして経営は成り立たないと言っても過言ではありません。

補助金のサポートをしてきている中で、多くの中小企業の経営者の企業経営に対する熱い思いや苦悩などを受け止めてきました。

多くの経営者は、雇用する従業員や家族などを守るために必死になって生き残る術を模索しています。

その生き残りの術の1つともいえるのが、「補助金」です。補助金はうまく活用することにより、会社の経営を安定させ、未来への橋渡しをしてくれる存在だと言えます。

かたや、「もらえるものは何が何でももらってしまえ」といった、ある種悪意ある考えを持った方がいるのも事実です。

これは、とにもかくにも私たち国家資格者の怠慢でもあると言えます。補助金アレルギーのようなある種「腫れ物にさわらない」といったかたちで、国家資格者である士業が参入をしてこなかった補助金申請。本来は、国家資格者としての使命をもとに、国の制度を正しく活用してもらうために第一線で活躍すべき存在が士業であると考えます。

本書は、多くの中小企業経営者の方に読んでもらいたいという思いで書かせていただいたものですが、補助金で中小企業をサポートしようという思いをもった国家資格者である士業の先生方の取っ掛かりとしても意義をなす内容だったと思います。

資金繰りで悩む中小企業経営者、小規模事業者の方々が情報過多の時代で、悩むことなく適切な補助金サポートができる専門家を探せるようになれば何よりです。

最後に、世の中には中小企業を救いたいという強い信念を持った士業がたくさんいます。私たちもその1人ですし、そこまでの存在にしていただいたというのは、関わってくれている中小企業の経営者の皆様のお陰でもあります。そんな存在がいるということ知ってもらえるきっかけをつくっていただいたことに感謝申し上げます。

2023年5月

吉野　智成
小島　健太郎

著者略歴

吉野　智成（よしの　ともなり）

埼玉県行田市出身　1983 年生まれ
駒澤大学法学部法律学科卒業
行政書士　財務コンサルタント　東京都行政書士会所属
よしの行政書士オフィス　代表
専門分野：補助金申請・融資サポート、財務・資金繰り支援
中小企業の黒字倒産を無くす、資金繰り・資金調達支援の専門家。
税理士事務所出身で、多くの中小企業や個人事業主の税務申告等を担当。担当してきた業界も飲食、小売、運送、建設、医療、自動車など多岐に渡り、経営者の相談対応も 1000 件を超える。行政書士として独立し、主に「お金周り」から中小企業を支援し、行政書士では珍しい財務顧問として中小企業支援に取り組んでいる。
日々の企業経営には、お金周りの不安や悩みがついて回るもの。 お金周りの代表格と言えば補助金・助成金・融資だが、情報が多すぎて中小企業の経営者の方にとって何が使えて、何がいいのかのような判断ができにくくなっている。 そんな、悩める中小企業の経営者のベストな方向性をアドバイスし、経営をより安定させる支援を日々行っている。社長の孤独とお金の悩みの両面から企業経営をサポートしている。

小島　健太郎（こじま　けんたろう）

福島県会津若松市出身　1979 年生まれ
桜美林大学文学部英語英米文学科卒業
行政書士　　東京都行政書士会所属
さむらい行政書士法人　代表社員
専門分野：補助金、融資、ビザ
東京を拠点として上野・新宿・名古屋・大阪にも支店を展開するさむらい行政書士法人の代表。行政書士法人以外の事業も経営しており、経営者としての側面もあわせ持つ。
士業向けのマーケティング講座を開催し、多くの士業の売り上げアップを実現させた実績もある。特に WEB マーケティングに関しては、その新規顧客獲得スキルの高さから、業界ナンバー 1 の評価を受けている。
自身が複数社経営している経験を生かし、融資・補助金といった財務分野に関しても、実践的で血の通ったサポートを得意としている。
また、外国人業務も得意としているため、外国人経営者に対して、手続きだけでなく財務面も含めたワンストップサービスができる強みがある。

改訂版
中小会社で活用できる「補助金」のことがわかる本

2021年5月13日　初版発行　2022年12月26日　第4刷発行
2023年6月30日　改訂版初版発行　2023年9月6日　改訂版第2刷発行

著　者　吉野　智成 © Tomonari Yoshino

著　者　小島　健太郎 © Kentaro Kojima

発行人　森　忠順

発行所　株式会社 セルバ出版
〒113-0034
東京都文京区湯島1丁目12番6号 高関ビル5B
☎03（5812）1178　FAX 03（5812）1188
http://www.seluba.co.jp/

発　売　株式会社 三省堂書店／創英社
〒101-0051
東京都千代田区神田神保町1丁目1番地
☎03（3291）2295　FAX 03（3292）7687

印刷・製本　株式会社丸井工文社

Printed in JAPAN
ISBN978-4-86367-822-4